Le Bulletin de l'Université de Miskatonic

2

LES ÉDITIONS DE L'ŒIL DU SPHINX
36-42 rue de la Villette
75019 PARIS, France
www.œildusphinx.com

© 2008 **LES ÉDITIONS DE L'ŒIL DU SPHINX**

ISBN:2-914405-49-9
EAN : 9782914405492
ISSN de la collection : 1768-5648
Dépôt Légal: Avril 2008

L'illustration de couverture est d'André Savéant.

JACKY FERJAULT

LOVECRAFT ET LA POLITIQUE

LES ÉDITIONS DE L'ŒIL DU SPHINX
36-42 rue de la Villette
75019 PARIS, FRANCE
www.œildusphinx.com
ods@œildusphinx.com

HOWARD PHILLIPS LOVECRAFT ET LA POLITIQUE

Lovecraft et la politique ? Les deux mots accolés peuvent sembler une incongruité. Qu'a à faire avec la politique cet auteur de fantastique que, depuis des décennies, certains mercantis tentent de faire passer pour le " reclus de Providence " ?
À la lecture d'un volume de sa correspondance paru en langue française, [1] qui regroupe des lettres écrites entre 1915 et 1926, on s'aperçoit que l'auteur était en prise directe avec la vie. Déjà dans ce corpus de lettres — il a alors entre quinze et vingt-cinq ans — il aborde de nombreux thèmes. D'autres lettres, publiées aux États-Unis, [2] couvrent la période qui va de 1927 à février 1937. C'est dire qu'une majorité de ces lettres a été plutôt écrite dans la seconde moitié de la vie de l'auteur.

Curieux — la curiosité n'est pas toujours un vilain défaut — de lever le voile sur cette dichotomie entre l'homme qu'on voudrait faire passer pour enfermé dans des rêves monstrueux dont il accoucherait dans sa fiction et celui qui s'intéressait à tous les problèmes de son époque, nous avons consulté les trois derniers tomes américains de sa correspondance publiée par Arkham House (qui ne constituent pourtant qu'une petite partie de l'œuvre épistolaire lovecraftienne).

Le gisement est riche, en fonction d'une part de la personnalité de l'auteur et d'autre part de l'époque qui fut la sienne. Notre homme n'a-t-il pas vécu, sans ordre de préséance, la montée du capitalisme, le New Deal, la Prohibition, l'émancipation des femmes dans les années 20, la Grande Dépression, le racisme et la ségrégation, le naufrage du Titanic, le tremblement de terre de San Francisco, l'actualité artistique, les menaces de guerre avec le Japon, la montée du fascisme en Europe, etc... ?

Il convient de préciser toutefois que les opinions politiques exprimées par Lovecraft émanent de correspondance à l'origine privée. Ces textes n'étaient pas au départ destinés à être publiés. Lovecraft, d'ailleurs, ne faisait à notre connaissance guère ouvertement état de ses opinions politiques et ne se livrait donc à aucune propagande.

(1) Lovecraft, *Lettres,* Christian Bourgois, Paris, 1978.
(2) Dans l'édition en cinq volumes (*Selected Letters*) proposée par Arkham House ; le recueil publié chez Christian Bourgeois est d'ailleurs composé d'extraits des deux premiers volumes de cette édition.

L'idée de ce livre est donc née de cette découverte où Lovecraft, à travers ses lettres, nous livre " à chaud " ses impressions et ses commentaires sur les grands faits de société dont il a été le témoin. De plus, l'auteur a politiquement évolué, au cours de ses quarante-sept années d'existence, de l'extrême-droite à une certaine forme de " socialisme ", ce qui donne un regain d'intérêt au sujet, puisqu'il explique lui-même le cheminement de son parcours politique.

La correspondance de Howard Phillips Lovecraft fait de nombreuses fois référence à la politique des États-Unis, tant intérieure qu'extérieure. Lovecraft était en effet, quoi qu'en aient dit certains esprits chagrins, très intéressé par tout ce qui se déroulait autour de lui. Et il a eu fort à faire : en politique intérieure, les élections présidentielles (tous les quatre ans aux États-Unis), les politiques desdits présidents, le New Deal, la Prohibition, les problèmes raciaux, l'immigration ; en politique extérieure, les relations avec le Japon et évidemment la montée du fascisme en Europe. Lovecraft nous a laissé sur tous ces sujets des témoignages passionnants.

Jacky Ferjault

Chapitre I

LA CONCEPTION LOVECRAFTIENNE DU MONDE

Elle est essentiellement basée sur l'homme et sur sa relation avec le cosmos. " *L'homme est un phénomène moléculaire organique accidentellement engendré par les processus de la Nature et sans plus de singularité ou de privilège qu'un* symplocarpus fœtidus, [3] *qu'un arbre, un roc ou un glacier. Il n'a rien de particulier* [4] [...] *Il est tout simplement* [...] *tout comme l'agencement de hasard des électrons, des atomes et des molécules.*[5] ". Lovecraft a alors quarante et un ans, mais il a toujours tenu le même discours. La cause est donc entendue. Comment alors l'homme avance-t-il ?

" *Ce qui arrivera à tout spécimen de la race n'est qu'un problème de hasard. Chacun tendra la main de toutes ses forces vers toutes les sensations gratifiantes qu'il pourra obtenir — et le cosmos n'est aucunement concerné par la quantité que chacun peut s'en assurer. Les spécimens qui sont forts et qui ont la chance avec eux feront une bonne affaire. Ceux qui sont faibles et qui ne saisiront pas leur chance n'obtiendront pas beaucoup. Qu'est-ce que cela fait ? La quantité globale d'énergie du cosmos en reste inchangée.* " [6]

N'y a-t-il pas de possibilité d'amélioration ? Pour Lovecraft, non. La seule carte à jouer serait donc celle de l'indifférence.

" *Je crains que le mélioriste* [7] *ne soit pas non plus libéré de cette illusion. Mais l'indifférent l'est. Lui seul, parmi tous les penseurs, veut considérer l'avenir de la planète de manière impartiale — sans assigner (car il n'existe véritablement aucune base permettant de l'affirmer) la moindre prépondérance d'une valeur évidente à des faits qui sembleraient prouver un déroulement des choses agréable pour lui. Non qu'il recherche particulièrement les réalisations anti-humaines, ou qu'il ait le moindre plaisir à les contempler. C'est purement, à l'évidence, qu'il ne considère pas la qualité de bienveillance envers l'homme comme une marque intrinsèque de probabilité.* " [8]

---

(3) Plante d'Amérique du Nord, à l'odeur d'ail.
(4) Les mots ou groupes de mots qui, dans les citations, ne sont pas en italique, sont soulignés par Lovecraft lui-même, si l'on se fie à l'édition Arkham House.
(5) Lettre à James Ferdinand Morton du 18.01.1931.
(6) Lettre à James Ferdinand Morton du 18.01.1931.
(7) Méliorisme : doctrine intermédiaire entre l'optimisme et le pessimisme, qui prétend que le monde peut être amélioré par un effort humain correctement dirigé.
(8) Lettre à James Ferdinand Morton du 30.10.1929.

Notre homme est donc un indifférent. Est-ce à dire qu'il se contente de juger les faits et gestes d'un air détaché ? En fait, cette situation d'indifférence lui permet de s'adapter au mieux au terrain. Et Dieu sait qu'en politique, il peut parfois être mouvant... Dit plus simplement, il n'y a que les imbéciles qui ne changent pas d'avis et c'est certainement une des clés des changements qui se sont opérés chez Lovecraft sur le plan politique au cours de sa vie.

" Mes propres opinions sur l'organisation sociale changent constamment au fur et à mesure que de nouvelles évidences et tendances apparaissent d'année en année — le seul élément immuable étant ma conviction bien ancrée que la meilleure civilisation est celle qui offre la plus libre opportunité et le plus grand encouragement aux qualités les plus hautes (c'est-à-dire aux plus évoluées) de l'espèce humaine. Je n'ai aucune sympathie de classe, puisque je ne crois pas aux classes sauf en tant que phénomènes temporaires et accidentels. J'ai de la sympathie pour ce qui est excellent pour l'individu — après tout, l'individu est la seule réalité humaine fondamentale. " [9]

Lovecraft doute par ailleurs des dires de certains généticiens :
" Wiggam, comme le professeur J. B. S. Haldane, [10] *croit qu'on pourra dans le futur faire beaucoup pour le développement artificiel de l'Homo sapiens ; mais je doute beaucoup qu'un tel développement puisse jamais aboutir à davantage qu'une infime fraction des modifications extrêmes qu'ils proposent.*

D'abord, la complexité des lois régissant la croissance organique est formidable — si formidable que le nombre des facteurs inconnus demeurera certainement toujours désespérément considérable. " [11]
Albert Edward Wiggam expliqua, dans un livre publié en 1922, l'idée sur laquelle Hitler avait fondé sa politique (" la guerre permet le développement des hommes ") de la façon suivante :
" Autrefois, l'homme avait un cerveau à peine plus grand que celui de ses cousins anthropoïdes, les singes. Cependant, en donnant des coups de pied, en mordant, battant, [...] en surpassant ses ennemis et parce que les faibles furent tués, le cerveau de l'homme est devenu énorme et il a pu croître dans le sens de la sagesse et de l'agilité plus que dans sa dimension. " [12]
Théorie des plus discutables, on en conviendra...
Et, de la notion d'individu, Lovecraft passe à celle de collectivité.
" En ce qui concerne la politique et la sociologie — l'extrême complexité de la nature humaine et les formidables incertitudes et variabilité de tous les problèmes sociaux, font qu'il est impossible et non scientifique de se montrer dogmatique sur quelque point que ce soit. Chaque

(9) Lettres à Robert E. Howard des 24-31.07 & 5.08.1933.
(10) Le biologiste John Burdon Sanderson - ou J.B.S. - Haldane (1892-1964) travailla notamment sur les facteurs génétiques en relation avec la théorie évolutionniste de Darwin.
(11) Lettre à Natalie H. Wooley du 22.11.1934.
(12) Albert Edward Wiggam, *The New Dialogue of Science*, Garden Publishing Co., Garden City, NY, 1922.

individu sait qu'il est là — sur cette planète, avec ses chances person-
nelles de faire son trou. Son problème est simplement : comment rendre
la pénible épreuve de l'existence la plus supportable possible pour lui-
même — et pour cela il doit prendre en compte toutes sortes de systèmes
d'association avec d'autres individus, en cherchant à déterminer les ef-
fets probables qu'ils auront finalement sur lui. Cette tâche est compli-
quée par le fait qu'il existe de nombreux types naturels différents d'êtres
humains, et que " le meilleur " système pour l'un de ces types n'est pas
toujours " le meilleur " du point de vue d'un autre. Le résultat de cette
diversité est évidemment une lutte incessante — qui sera peut-être mi-
norée plus tard lorsqu'une connaissance globale plus claire permettra
des méthodes au moyen desquelles chaque type arrivera à ses fins en
empiétant le moins possible sur les autres ".[13]
Une telle pensée sape évidemment les conventions.
" L'" espèce humaine " est un pur mythe, ou une hypothèse d'école —
mais les individus sont des réalités avec lesquelles il faut composer. Les
conséquences de ma position font de moi en quelque sorte un hors-la-
loi parmi les groupes sociaux orthodoxes et les penseurs politiques. Les
prolétaires et les démocrates me reprochent de défendre un standard de
civilisation que les hasards de l'Histoire passée ont assimilé à l'institu-
tion artificielle et temporaire qu'est l'aristocratie, tandis que les aris-
tocrates et les ploutocrates me reprochent d'une voix tout aussi forte
mon manque d'enthousiasme pour les barrières arbitraires et les inéga-
lités de la distribution des ressources qu'ils croient être à la base de tous
les grands standards et de la véritable civilisation. Entre ces deux
groupes, je suis absolument impartial, puisque je ne pense selon les
termes d'aucun des deux. Je pense seulement en tant qu'individu. " [14]

Devant de telles affirmations qui vont à l'encontre des idées établies —
c'est le moins qu'on puisse dire — et pour être sûr d'être bien compris,
Lovecraft insiste :
" Je ne suis pas un pessimiste mais un indifférent. " [15]
Et la politique ? Comment un " indifférent " l'envisage-t-il ?
" Tout ce dont un gouvernement a besoin de s'inquiéter, ce sont des ré-
sultats présents en terme de vie quotidienne. Les théories et les prin-
cipes ronflants sont des mots — rien que des mots et pas plus. Ce qu'on
peut raisonnablement attendre d'un gouvernement, c'est qu'il garan-
tisse à l'individu une sécurité physique relative, une chance d'accéder
à l'environnement et aux impressions qui s'harmonisent avec ses anté-

(13) Lettres à Robert E. Howard des 24-31.07 et 5.08.1933.
(14) Lettres à Robert E. Howard des 24-31.07 et 5.08.1933
(15) Lettre à James Ferdinand Morton du 30.10.1929 ; Lovecraft emploie le terme d'" indifferentist "
(16) Cette notion d'harmonie est également l'une des composantes de la pensée lovecraftienne. Dans une lettre à August Derleth du 6.10.1929, il écrivait : *" Un homme dépend de*
l'endroit où sont ses racines — où le paysage et le milieu ont, pour l'avoir formé, un rap-
port avec ses pensées et ses sentiments ".

cédents, [16] *ses aptitudes, ou ses capacités d'appréciation, une liberté sans restriction d'exprimer ses opinions intellectuelles et sa personnalité esthétique, une atmosphère générale favorable à la création artistique et à la recherche de la vérité pour elles-mêmes, et une continuité de traditions suffisante pour établir une situation conviviale et créer ainsi les illusions de l'intérêt, du sens et de la valeur au sein du phénomène, sans cela dépourvu, de signification de l'existence consciente. Il ne faut pas s'attendre à ce que ces choses puissent être portées à leur degré de perfection par quelque sorte de gouvernement que ce soit — mais l'important est de comprendre que ces choses sont les seules qui comptent — celles-là et non les conceptions mythiques du monde, futiles et dénuées de sens que sont l'" égalité ", la " prospérité ", la " justice ", l'" opportunité ", la " propriété ", la " démocratie ", l'" indépendance ", l'" auto-suffisance ", l'" auto-gouvernement ", la " responsabilité " et autres bla-bla du même ordre. Inutile de discuter pour savoir comment une nation parvient à un état de civilisation et d'organisation satisfaisant, du moment qu'elle y parvient. La monarchie, l'oligarchie, la dictature fasciste — c'est finalement du pareil au même. Une méthode vaut n'importe quelle autre, pourvu qu'elle fasse ses preuves. Même le communisme pourrait convenir s'il visait à des fins civilisées — mais il ne semble nullement évident que ce soit effectivement le cas... "* [17]
C'est la première fois que Lovecraft évoque nommément cette doctrine politique. Nous aurons l'occasion d'examiner ultérieurement son opinion sur le communisme. Un texte résume assez bien les conceptions politiques de Lovecraft. Même en tenant compte du fait qu'elles ont évolué aux fils des ans, elles traduisent assez bien la neutralité d'observateur de l'écrivain et son réalisme :
"En ce qui concerne l'idée de " liberté " — la bonne définition est sentimentalisme et niaiserie, simple langage pompeux sans réalité sous-jacente. La liberté parfaite n'a jamais existé et n'existera jamais. Lorsque l'individualisme va trop loin, il s'ignore lui-même et mène au chaos. Puis vient la déliquescence, et le choix entre deux formes de contrôle représentées par le fascisme et par le communisme. Entre les deux, le choix logique est le fascisme, car il conserve les stratifications et les traditions culturelles du passé, tandis que le communisme les liquide avec application. La démocratie dans une civilisation industrielle complexe est une plaisanterie — puisque ça ne signifie rien d'autre que la concentration de toutes les ressources entre les mains de quelques ploutocrates doués, et le gouvernement souterrain par ce groupe sous des formes extérieures de démocratie. " [18]

Ce passage contient des contradictions : qui nous dit que la liberté n'existe pas — certes, elle a ses limites — et que le fascisme serait en

(17) Lettre à Miss Elizabeth Toldridge du 23.03.1931.
(18) Lettre à Miss Elizabteh Toldridge du 25.07.1931.

quelque sorte un moindre mal ? C'est à notre sens considérer la doctrine par le petit bout de la lorgnette. Il est vrai que le texte a été écrit en 1931, soit trois ans avant l'installation de Hitler au poste de chancelier. Mais pour un intellectuel de l'envergure de Lovecraft, affirmer que " *le fascisme conserve les strates et les traditions culturelles du passé* " est faire preuve d'une méconnaissance certaine...

Nous voilà entraînés dans l'univers des doctrines politiques longuement évoquées — avec plus ou moins de bonheur — par Howard Phillips Lovecraft, soit en phase avec les événements mondiaux, soit en simple réponse à ses correspondants.

Chapitre II

LES DOCTRINES POLITIQUES

Le premier écrit politique qu'il nous soit donné de pouvoir examiner traite du fascisme (doctrine tendant à instaurer dans un État une dictature nationaliste et totalitaire). En 1924, HPL écrit sur ce thème à James Ferdinand Morton en des termes qui ne laissent aucun doute sur sa profonde sympathie pour ce mouvement :

" Galpin [19] *et moi, nous soutenons qu'un homme de goût doit préférer les choses qui favorisent les hommes forts et avancés aux dépens des masses. À quoi sert-il de plaire aux masses ? Elles ne sont composées que d'animaux grossiers — car tout ce qui est admirable chez l'homme est le fruit d'une éducation spéciale. Nous sommes pour la préservation des conditions favorables à la croissance des belles choses — palais imposants, belles villes, littérature élégante, art et musique reposants, et un type humain physiquement sélectionné comme seuls peuvent en produire le luxe et une lignée raciale pure. Ainsi nous sommes opposés à la démocratie, pour la seule raison qu'elle retarderait le développement d'une belle race nordique. Nous nous rendons compte que tous les concepts de justice et de morale ne sont que préjugés et illusions — il n'y a pas sur terre de raison pour que les masses ne soient pas maintenues dans une situation inférieure au bénéfice des forts, puisqu'en dernière analyse, tout homme existe pour lui-même. Nous considérons la montée des idées démocratiques comme un signe de vieillissement culturel et de décadence.[…] Nous sommes fiers d'être qualifiés de réactionnaires, parce que ce n'est que par une courageuse répudiation de l'affection de " libéralisme " et de l'illusion de " progrès " que nous pourrons obtenir une sorte de contrôle autoritaire social et politique qui, seul, produit des choses rendant la vie digne d'être vécue. Nous admirons le vieil Empire Germanique, car il représentait une puissance si considérable qu'il a presque vaincu toutes les forces combinées du reste du monde. Personnellement, l'objection que je faisais à l'Allemagne pendant la dernière guerre, c'était qu'elle constituait une menace contre notre Empire Anglais — un Empire si lamentablement démembré en 1775-83, et affaibli d'une manière si regrettable par des idées efféminées de liberté. Mon souhait*

(19) Correspondant épistolaire de Lovecraft.

était que, nous autres Anglais, nous nous réunissions pour former une puissance irrésistible et établir notre hégémonie sur le globe à la vraie façon romaine. Ni nous ni l'Allemagne ne serons réellement forts tant que nous n'aurons pas réalisé un contrôle impérial unifié.
Notre culte moderne des idéaux vides est ridicule. Quelle importance présente la condition de la racaille ? Tout ce dont nous avons besoin, c'est de la faire se tenir aussi tranquille que nous le pouvons. Ce qui est plus important, c'est de perpétuer ces accomplissements humains authentiquement valables parce qu'ils impliquent de réelles impressions sensorielles plutôt que des théories fumeuses. " L'égalité ", c'est une plaisanterie — mais une grande abbaye ou une cathédrale, couvertes de mousse, sont des réalités poignantes. C'est à nous de sauvegarder et de préserver les conditions qui produisent de grandes abbayes, des palais, des villes pittoresques ceintes de murs, de saisissantes lignes d'horizon de clochers et de dômes, de luxueuses tapisseries, des livres fascinants, des peintures, des statues, des orgues colossales et de la musique noble, des actions dramatiques sur les champs de bataille [...]. Ils représentent toute la vie ; supprimez-les et nous n'avons plus rien de ce pour quoi un homme de goût ou d'esprit se soucierait de vivre. Supprimez-les et nos poètes n'auront plus rien à chanter — nos rêveurs n'auront plus rien à rêver. Le sang d'un million d'hommes n'est pas versé pour rien s'il permet la naissance d'une légende glorieuse qui fait vibrer la postérité... et la raison pour laquelle il a été versé n'a aucune importance. Des armoiries gagnées dans une croisade valent mieux que mille compliments proférés dans un jet de salive au milieu de la canaille. " [20]

Et dans une belle envolée, l'auteur se lance même dans la prospective :
" En ce qui concerne les méthodes politiques — je pense que la dictature fasciste, avec le dictateur élu par les votes de personnes qualifiées, qui ont elles-mêmes été sélectionnées en passant des tests ad hoc sur des sujets appropriés, constituerait le moindre diabolisme. Evidemment, la corruption ne peut jamais être évitée. Mais, comme je l'ai indiqué auparavant, l'étendue de ses ravages peut certainement être contrôlée par l'acceptation tacite d'un cadre déterminé de critères politiques et sociaux. [...] Avec certains buts permanents définis [...] par l'opinion publique et la promulgation constitutionnelle, il serait hors de question que ces objectifs ne puissent être mieux tenus et plus rapidement par un gouvernement d'hommes qualifiés choisis par des hommes qualifiés, que par une poignée de manieurs de rhétorique et de débiteurs de platitude à moitié instruits choisis par la masse hésitante des illettrés, ou imposés à cette masse par des hommes d'affaires habiles et égoïstes et par des intérêts financiers dominés par le profit. " [21]

(20) Lettre à James Ferdinand Morton du 10.02.1924.
(21) Lettre à Robert E. Howard du 2 au 5.11.1933.

Comme on le constate, la démocratie ne trouve nullement grâce à ses yeux. Dès 1929, le sort en est jeté :

" L'auto-exaltation humaniste de l'individu est l'ennemie mortelle de la démocratie en tant que système durable, et la rendrait même temporairement impossible si elle était hautement développée et associée avec la force chez beaucoup de gens. Chaque " Je " essaie de prendre tout ce qu'il peut, et tôt ou tard les plus forts édifient un système qui les favorise et qu'ils choisissent pour réussir — qui perdure jusqu'à ce qu'un autre groupe de gens comme moi devienne assez fort pour le défier. Alors le nouveau groupe l'emporte et règne jusqu'à ce qu'un autre groupe encore plus fort le dépasse et le supplante. " [22]

Analyse qui dévoie à notre sens de façon grossière et presque vicieuse la doctrine démocratique. En 1931, deux ans plus tard, il développe une conception pour le moins originale :

" Au sujet de la démocratie — elle a connu de réelles mais brèves période d'efficacité en tant que créatrice des conditions tangibles de la civilisation ; mais ces périodes ont été brèves, et leur niveau de démocratie beaucoup moins élevé que ce qu'on suppose d'ordinaire. La " démocratie " de la Grèce fut bâtie sur l'exclusion d'une vaste population asservie hors du champ de la liberté d'expression et, dans les nations modernes, la même chose existe sous d'autres noms — l'équivalent des esclaves étant une classe industrielle avec seulement des privilèges théoriques. La démocratie ne peut être une force véritable que dans de très petites et de très jeunes régions — la Nouvelle-Angleterre originelle en étant un exemple classique — dans lesquelles, toutefois, la démocratie disparut quand la jeunesse et la simplicité s'évanouirent. Certes, les mots creux et les slogans de la démocratie survivent longtemps — dissimulant dans la plupart des cas un gouvernement indirect et invisible, mais très puissant, par des intérêts financiers et industriels. [...] Vraiment, aucun mode de vie tel qu'il a naturellement évolué ne peut être considéré comme pire ou meilleur qu'un autre. Ce que nous détestons, c'est simplement le changement, en tant que tel. Et ce de façon très raisonnable et très naturelle, puisque la plus grande part de ce qui fait le sel de la vie vient d'illusions qui dépendent de la stabilité de l'environnement et de la continuité des traditions et des coutumes. Dans un siècle ou deux, tout le monde sera habitué aux méthodes et idéologies nouvelles, et les considérera comme les anciennes furent autrefois considérées. " [23]

Le pacifisme n'est pas non plus épargné.

" Quant au pacifisme, je ne vois vraiment pas comment quiconque d'adulte et de réfléchi pourrait adopter une telle attitude. Il est certes fou d'exalter la guerre à notre époque, alors que, dans le passé, quand elle était moins destructrice, elle forgeait certainement la force de

(22) Lettre à Woodburn Harris du 9.11.1929.
(23) Lettre à Elizabeth Toldridge du 29.04.1931.

caractère et renforçait la fibre nationale. Aujourd'hui, nous admettons qu'elle aboutit à l'effet nettement opposé — destruction cataclysmique et mauvais héritage évolutionnaire — aussi, tous cherchent anxieusement à réduire sa récurrence au strict minimum. Mais cela ne change rien au fait qu'à certaines époques, nous avons dû combattre afin de conserver un environnement qui nous corresponde, à nous et nos descendants, pour y vivre. Alors que nous pouvons contrôler nos propres armements et notre politique militaire, nous n'avons aucun moyen de contrôler ceux des autres nations, dont beaucoup ont des ambitions dont la satisfaction nécessite notre subordination et notre humiliation. Le pacifisme, de notre part, ne signifie jamais rien d'autre que notre affaiblissement délibéré pendant que d'autres nations demeurent fortes, si bien que tôt ou tard, un groupe rival sera capable de nous prendre ce qu'il voudra, en nous laissant paralysés, démoralisés, brisés et en nous absorbant, en fin de compte, dans sa propre structure politique. S'il y a encore des fous et des couards dans ce pays pour refuser de combattre les Japonais lorsque viendra l'attaque, alors ces fous et ces couards — ou leurs fils — pourraient un jour eux-mêmes se retrouver sujets japonais incorporés dans l'armée du Mikado [24] *et contraints de combattre la Chine ou la Russie soviétique [...] avec la possibilité d'être exécutés ou emprisonnés. On peut, ou non, donner à ces fanatiques, à ces porcs, à ces méduses la fierté de voir la psychologie de l'Amérique devenir celle d'une nation assujettie, écrasée et servile — de voir la culture anglo-saxonne abaissée, efféminée et teintée d'éléments japonais, ou peut-être réduite à un groupe informe de chiens battus éjectés du piédestal et envoyés de par le monde sous des gouvernements étrangers. Peut-être que ces répugnants " réformateurs " apprécient l'idée d'une Amérique vaincue, indolente, léthargique comme la Chine (exemple type de la nation pacifiste) —soumise au pillage par d'autres nations, pour finir démantelée par ces dernières. Peut-être aiment-ils se voir comme les Grecs battus de l'époque impériale romaine — esclaves méprisés, et rebut des véritables nations qui leur accorderont peut-être dédaigneusement asile. [...]. Peut-être considèrent-ils toutes ces inévitables conséquences du pacifisme indolent avec fierté et plaisir — et je peux seulement ajouter que c'est exactement le destin qu'ils méritent. Mais, le ciel soit loué, il reste encore quelques hommes en Amérique. [...] Ce n'est pas dans la nature des Anglo-Saxons de se retrouver maltraités et obligés de vivre de façon sordide comme les Juifs du ghetto, ou de subir la léthargie paralysante des Chinois opiomanes sans défense, sans avoir mené d'abord un combat tel que le monde n'en aurait jamais connu auparavant. [...] Laissez-moi ajouter que je ne minimise pas la gravité du caractère des-*

(24) Sur les relations Asie-États-Unis, voir infra au chapitre " La politique extérieure ".

tructeur de la guerre. Je ne serais pas surpris que quelque conflit généralisé, mené au moyen d'armes modernes, joue un rôle décisif dans la fin de la civilisation occidentale. Mais que peut, hélas, faire une nation attaquée ? Ne vaut-il pas mieux entrer dans le crépuscule comme des hommes véritables, encore invaincus alors que leur monde familier se dissout dans le courant, plutôt que se débattre comme les esclaves d'un conquérant étranger quelques années encore jusqu'à ce que finalement une autre guerre étouffe la faible étincelle vacillante ? À cela, il me semble qu'un aryen ne peut avoir qu'une seule réponse. " (25)

En 1937, peu de temps avant sa mort, autre son de cloche. Lovecraft est presque certain d'être socialiste (dans le sens d'une doctrine d'organisation sociale qui entend faire prévaloir l'intérêt collectif sur les intérêts particuliers, au moyen d'une organisation collective et du contrôle par la société, ici l'État) :
" Je crois que je puis maintenant, de façon absolue, être qualifié de socialiste. Non pas que j'accepte certaines théories extravagantes ou " idéologiques " fragiles (avec ces relations imaginaires entre toutes sortes de domaines séparés, et cette dépréciation sauvagement barbare de l'activité intellectuelle et esthétique pure) des radicaux extrémistes, mais je crois de plus en plus que seul un contrôle public et une action sans but lucratif d'un grand nombre d'individus peut assurer à la majeure partie de la population un niveau de vie décent correspondant aux services rendus " (26). Certes, l'adhésion est mitigée. Nous aurons l'occasion de l'évoquer longuement infra.

Nous avons gardé pour la toute fin l'exploration des thèses communistes. On aura deviné que le communisme (organisation politique et sociale, fondée sur la propriété collective) n'est pas la tasse de thé de Lovecraft, ni dans ses théories ni dans ses pratiques. *" En ce qui concerne la Russie soviétique — je ne peux excuser son inutile saccage de ces traditions qui donnent à la vie beaucoup de son illusion quant à son sens et à son but. Tout cet anéantissement est perpétré au nom de l'égalité, qui constitue après tout une chose toute théorique et dénuée de signification. J'admets que ce qui existait — essentiellement l'oligarchie ploutocratique — était inadapté aux problèmes de la future mécanisation, mais je ne crois pas qu'un tel bouleversement fanatique soit nécessaire pour redonner aux travailleurs volontaires la capacité d'accéder à des moyens convenables d'existence. Ce qu'il faudrait doit sans aucun doute s'apparenter au socialisme, mais doit s'éloigner du communisme, qui détruit à moitié ce qui fait le sel de la vie pour servir un idéal purement théorique. Sans aucun doute, de nombreux aspects particuliers*

(25) Lettre à J. Vernon Shea du 8.11.1933.
(26) Lettre à Henry G. Weiss du 3.02.1937.

de l'organisation soviétique méritent d'être empruntés, et adaptés aux conditions différentes du monde occidental, mais ce me semble une bonne chose d'épargner le système pris dans son ensemble à son propre pays. Les absurdités de la vie américaine sont assez nombreuses, mais on peut s'y soustraire en menant une existence en retrait. Par contre, les absurdités russes m'apparaissent si brutalement imposées à chaque individu que la fuite est presque impossible " [27]

La référence est bien évidemment le modèle russe :

" J'ai lu le vieux Manifeste communiste [28] *il y a des années ; et bien que n'étant pas complètement d'accord avec ses thèses, je fus très impressionné par certains points isolés qu'il développait. Aujourd'hui je serai d'accord sur beaucoup de points — même si je n'approuve pas à cent pour cent. Il n'y aucun doute quant à la grande intelligence et à la clairvoyance de Marx et d'Engels, et à l'importance fondamentale des grands principes économiques qu'ils ont découverts et formulés. Leur seule erreur est de penser que chaque ramification qu'ils développent, et chaque déduction qu'ils tirent, est infailliblement exacte et mérite d'être suivie littéralement et servilement dans n'importe quelle circonstance. La découverte majeure en tant que mouvement général est valable — mais le système dérivé de " matérialisme dialectique " avec ses interprétations économiques fantaisistes de chaque chose, ses connections entre des domaines totalement différents (l'art, la science, etc.) et l'économie, et ses affirmations (qui ne tiennent aucun compte de douzaines de puissants facteurs historiques et psychologiques) quant à l'extrême inévitabilité de certains faits, ne doit pas être accepté avec moins de critique que les généralisations philosophiques analogues des scolastiques médiévales. "* [29]

L'attitude d'HPL face aux classes est quelque peu roublarde et n'est pas sans nous rappeler celle d'un Valéry Giscard d'Estaing déclarant en 1974 que " la notion de classes était dépassée ", posture classique de la bourgeoisie :

" Je suis profondément sceptique en ce qui concerne tous les dogmes marxistes (de même que ceux des ploutocrates), car ils me semblent fondés sur certains artifices philosophiques du XIXème *siècle. Il y a une formidable surestimation du concept de " classe " — en considérant comme établie et caractéristique une chose qui, en Europe, s'avère plus ou moins fluide, et constitue simplement un élément parmi beaucoup d'autres — et une sous-estimation tout aussi extrême de la notion de fidélité envers la communauté nationale ou culturelle. [...] Je tiens la " conscience de classe " pour un principe vicieux — vicieux tout autant en ce qui concerne l'aristocrate que le docker. Les " classes " sont des concepts dont il faut se débarrasser ou qu'il faut minimiser — mais ne pas reconnaître officiellement. Les seules entités humaines qui méritent la reconnaissance sont*

(27) Lettre à E. Hoffman Price du 12.01.1933.
(28) Karl Marx, *Le manifeste communiste*.
(29) Lettre à Kenneth Sterling du 16.09.1936.

l'individu et l'État — le second devant coïncider autant que possible avec la culture globale du groupe. C'est l'affaire de l'individu de veiller à bénéficier d'une juste rétribution — proportionnelle à sa fidélité, son enthousiasme et sa capacité à contribuer à servir l'État. S'il ne peut obtenir cette rétribution, il est bon et bien qu'il s'associe pour cela à d'autres individus dans le même cas. Les alliances temporaires sont souvent nécessaires lors de luttes désespérées. Mais c'est pour ses droits en tant que citoyen libre et indépendant —et non en tant que membre d'on ne sait quelle " classe " artificielle — qu'il doit combattre. Et les alliances avec d'autres individus opprimés, à l'extérieur de sa propre nation, sont souvent dangereuses. Si, lors d'un affrontement général entre " possédants " et " dépossédés ", l'unité culturelle entière d'un groupe venait à périr, les survivants n'auraient pas assez du reste de leur existence pour rendre à nouveau la vie digne d'être vécue. La vie est satisfaisante et supportable seulement lorsqu'on vit au milieu des traditions et des points de repère environnementaux à l'intérieur desquels on a normalement grandi. En corrigeant les maux économiques, nous ne devons pas détruire tout ce qui donne de la valeur à l'existence. " [30]

Que devraient donc faire les communistes pour trouver — peut-être — grâce aux yeux de Lovecraft ?

" Si les marxistes accordaient moins d'importance à la faucille et au marteau, pris au pied de la lettre, et en accordaient davantage aux conditions générales d'inégalité et d'injustice flagrantes, ils se seraient acquis plus de professeurs mal payés, de petits épiciers ruinés, d'inventeurs escroqués et de comptables flanqués à la porte parmi ceux qui continuent à avoir des sympathies pour ce capitalisme qu'ils critiquent à juste titre. La grande erreur des marxistes est qu'ils se montrent sourds à tous les facteurs non économiques. Ils s'attendent à ce que l'homme agisse principalement selon son statut économique, alors qu'en réalité sa réaction primaire est totalement déterminée par son état culturel. " [31]

" Pour ma part, je souhaite qu'il ne soit pas nécessaire de recourir au communisme, car une grande partie du programme communiste — notamment ses aspects les plus destructeurs culturellement — gaspille son énergie à la recherche d'un égalitarisme absolu qui n'est en fin de compte nullement nécessaire au rétablissement de l'équilibre économique, et qui présente vraiment beaucoup de caractéristiques intrinsèquement indésirables. Des changements doivent survenir, car un capitalisme mondial intensivement mécanisé non contrôlé conduit inévitablement à la grotesque confiscation des ressources, et à un nombre de plus en plus grand de chômeurs permanents, même dans les périodes les

(30) Lettre à Kenneth Sterling du 26.09.1936.
(31) Lettre à Kenneth Sterling du 18.10.1936.

plus prospères.[…] Dans le cas des États-Unis, je crois que la seule voie pour assurer un ordre économique viable est d'entamer doucement les modifications, et d'élargir progressivement l'étendue du contrôle gouvernemental avant que d'irresponsables Républicains " individualistes " de la vieille école ou de modernes bolcheviques tout aussi cinglés n'aient une chance de tout fiche en l'air. Jusqu'où peut-il être nécessaire d'aller, personne ne peut actuellement le dire. " [32]

Des États-Unis, Lovecraft extrapole au reste du monde :

" En ce qui concerne la question de savoir si le monde occidental dans sa globalité s'oriente vers l'alternative ultime du communisme ou du " fascisme " (au sens qu'on donne actuellement à ce mot) — je pense qu'il est trop tôt pour le décider, malgré certaines indications en ce sens. Les habitudes locales de pensée et d'action jouent un grand rôle, et les nations nordiques avec leurs traditions depuis longtemps établies de gradualisme pourraient se tenir à part de la sphère des dictatures totalitaires même si la France y était entraînée. La bonne donne dépend du degré jusqu'auquel les classes réactionnaires s'opposeront à l'évolution normale. Si les vieux ploutocrates peuvent raison garder là-dessus, et comprendre qu'ils doivent renoncer progressivement à leurs privilèges particuliers, il existe un espoir raisonnable de progrès ordonné. S'ils ne le font pas, on doit s'attendre à ce que des actions irrationnelles et violentes, débouchant sans doute sur le communisme, soit menées contre eux. " [33]

Citons également pour la bonne bouche ce texte en réponse à Helen V. Sully, laquelle semble présenter une de ses amies aux convictions communistes comme atteinte d'une maladie grave... Dans la deuxième partie de la lettre, Lovecraft lui conseille de se méfier des interprétations pathologiques du communisme, qui le présentent provoqué par on ne sait quelles " prédisposition du sang " ou " aberration " :

" Le cas de votre amie qui est devenue communiste est certainement extrêmement pathétique — bien qu'il ne faille pas penser que toute l'idéologie communiste soit synonyme de détérioration. Beaucoup de personnes, à l'heure actuelle, dotées de la meilleure personnalité et d'impeccables antécédents, pensent honnêtement que le programme communiste global est la seule solution définitive à la présente crise du capitalisme — conviction dérivant de l'étude abstraite et impartiale des ressources nationales et de leur répartition —, et qui, bien sûr, n'approuvent nullement les brusques bouleversements sociaux et les idéologies absurdes prônés par les Marxistes orthodoxes et la racaille européenne mécontente. Ces personnes ne souhaitent pas voir l'ensem-

(32)Lettre à Miss Helen V. Sully du 28.06.1934.
(33) Lettre à Kenneth Sterling du 16.09.1936.

ble de leurs traditions et de leurs modes de vie détruits sans discrimination, mais elles sentent que l'espèce humaine ne pourra préserver la civilisation sans que les inégalités persistantes en matière de ressources et d'opportunités ne soient effectivement corrigées par quelque plan à longue échéance de redistribution et quelque moyen adéquat de pérenniser ce plan. Pour elles, le communisme (adapté dans chaque cas à l'Histoire et aux traditions de la race concernée) semble la seule voie pour faire exécuter le plan économique de préservation de la civilisation — d'où le fait qu'ils croient qu'il finira par être instauré [...] sans répudiation globale des traditions et de préférence sans révolution violente. Le nombre de ces honnêtes intellectuels communistes ou semi-communistes paraît en augmentation, et j'ai bien peur qu'ils ne se transforment en jouets entre les mains de bolcheviques révolutionnaires brutaux et sans scrupules. Mais on ne doit pas les confondre avec les personnalités déséquilibrées qui se révoltent avec violence contre la civilisation et réclament un ordre totalement nouveau. On ne rencontre pas ces communistes philosophes à Greenwich Village ou dans le ghetto, mais parmi l'élite des familles américaines les plus honorables — j'en ai précisément rencontré un dans la communauté la plus vénérable de St. Augustine ! Je ne suis pas d'accord avec leur égalitarisme, mais je dois admettre qu'il s'agit là davantage de théoriciens honnêtes plutôt que de sentimentalistes morbides ou de sauvages rebelles ataviques. Lorsque l'ordre économique tout entier périt par suite de l'évolution et de la modification des conditions — ce qui arrive actuellement au laissez-faire [34] *capitaliste sous l'impact de l'ère de la mécanisation — il ne faut pas s'étonner que chaque alternative possible soit posément envisagée par des personnes responsables, intelligentes et soucieuses de l'avenir. C'est une erreur d'imaginer que là se situerait le problème avec toute personne qui croit au communisme — à savoir que cette personne serait nécessairement un criminel, un étranger, un sauvage atavique, ou un psychopathe. Il est vrai, évidemment, que les criminels, les étrangers, les ataviques et les fous affluent sous les bannières de n'importe quelle cause reliée même de loin au bouleversement et au changement — puisque leurs esprits désorganisés et d'une conscience inférieure, inadaptés à cette civilisation, ont toujours l'impression pitoyable qu'ils seraient mieux sous un autre — n'importe quel autre — régime. Mais l'inverse n'est pas vrai — car il y a de nombreux partisans sincères du changement qui ne sont pas inadaptés à l'ordre expirant, et qui appellent à des modifications non d'un point de vue personnel, mais simplement parce qu'ils perçoivent que le système actuel est incapable, à long terme, de survivre. Ils veulent un nouvel ordre graduellement et rapidement installé, de manière à ce*

---

(34) Ce mot composé, souvent employé dans les extraits cités, est et sera toujours en français dans le texte, mais il faut noter qu'il est d'usage assez courant en anglais .Dans ce contexte, il désigne une doctrine économique.

qu'un effondrement général dans la désorganisation et l'anarchie sauvages puisse être évité. En résumé, on ne peut condamner une théorie ou un point de vue dans son ensemble pour l'unique raison que l'on a rencontré quelques individus malheureux ou indésirables qui y sont associés.[...]

Mais tout ceci, bien sûr, n'en rend pas moins désastreux et pathétique le cas de votre amie. Il me semble très clair qu'elle souffre d'un tempérament instable et mal conformé depuis le début ; et que chez elle, le communisme est simplement un incident dénotant une sorte de révolte névrotique contre l'environnement normal. Je doute qu'une quelconque coloration étrangère de son hérédité puisse être tenue pour responsable, car la biologie est inapte à fournir des explications aussi commodes. Affirmer que les tendances anti-sociales ou anti-culturelles d'une personne sont dues à un " sang mauvais " ou à un héritage " paysan " ou " étranger " relève davantage du folklore que des faits. En réalité, nos attitudes sociales et culturelles sont infiniment plus liées à l'environnement qu'à l'hérédité, et d'ailleurs le sang étranger ou paysan prédispose rarement à l'aberration. Si une lignée inférieure (je veux dire par là naturellement ou biologiquement inférieure — à savoir avec des tissus cérébraux réellement malformés ou un psychisme indiscutablement inférieur ou instable) existe parmi ses ancêtres, elle aura probablement plus de chances de produire quelqu'un qui se montrera stupide ou brutal (ou les deux à la fois) à l'intérieur du cercle social ordinaire, que d'inspirer quelque divergence particulière. En général — et particulièrement dans les régions où la stratification de la société n'a jamais été rigide — l'appartenance à une caste sociale est rarement le signe d'une supériorité ou d'une infériorité intrinsèques. Des cas de dégradation individuelle de différentes sortes (certaines d'ordre nerveux, d'autres d'ordre mental, et d'autres enfin d'ordre émotionnel — qui engendrent une grande variété d'anti-sociaux excentriques, aberrants, et parfois repoussants) se produisent constamment dans les meilleures familles — y compris dans les plus anciennes et pour la plupart non mélangées ; aussi n'est-il nul besoin de chercher un élément étranger ou socialement inférieur dans l'hérédité du sujet concerné. Vraiment, si un tel élément a existé, les chances sont minces qu'il s'agisse de la cause véritable de la dégradation. Je pourrai citer un nombre pitoyablement élevé de cas de désintégration individuelle qui se sont produits dans des maisons d'une hérédité ancestrale à la qualité incontestable [...]. Soit dit en passant — lorsque nous pensons aux solides caractéristiques de brutalité, d'arrogance, d'indulgence pour soi qui — en même temps que celles de respect des bonnes manières,

de goût, d'intelligence, de responsabilité, et d'un certain sens de l'hon-
neur — ont constitué une part typique du tempérament aristocratique,
nous n'avons pas à nous étonner des spécimens dégénérés produits
aujourd'hui par les vieilles familles… spécimens dont les vieux instincts
d'autosatisfaction et d'absence de retenue sont contraints par les chan-
gements à chercher de nouveaux exutoires. L'étonnant, c'est que le sang
aristocratique des temps anciens ne possède pas de teinte définie ! C'est
particulièrement vrai des très anciennes aristocraties de l'Europe conti-
nentale, immémorialement brutales et dépravées. " (35)

Enfin, Lovecraft évoque l'anarchisme. Mais il s'agit en fait d'un amal-
game et le mot " anarchisme " ne correspond pas pour HPL — tout au
moins dans ce cas précis — à la définition (conception politique qui
tend à supprimer l'État, à éliminer de la société tout pouvoir disposant
d'un droit de contrainte sur l'individu) qu'on en donne d'habitude. La
théorie développée en 1929 par Lovecraft renvoie à l'idée de vacuité
exprimée supra. Les anarchistes ne sont pour lui que des adeptes socialistes ou communistes simplets qui ne voient pas qu'un système politique ne vaut pas mieux qu'un autre :
" *Soit dit en passant — il n'y a aucune raison de s'effrayer des " anar-*
chistes " ! La plupart des radicaux esthétisants ne *sont* pas *des anar-*
chistes mais les avocats des doctrines socialistes ou communistes —
donc dans n'importe quel cas, qu'ils soient socialistes, bolcheviques
ou anarchistes, ils s'avèrent tous inoffensifs. De tels individus sont sim-
plement des idéalistes dépourvus du sens de la mesure — qui consta-
tent le caractère grossier et absurde de notre système politique et social
actuel, mais qui ne voient pas qu'un autre système serait certainement
tout aussi grossier et absurde et même encore moins satisfaisant, car
non basé sur l'évolution naturelle. Ils sont aussi pleins de bonnes inten-
tions que les autres réformateurs, et comme eux, se montrent à la fois
comiques et pathétiques par leur foi en la perfectibilité humaine.
Malgré leurs discours audacieux, ils sont timides et inefficaces, et la
plupart d'entre eux ne feraient pas de mal à une mouche. J'en connais
beaucoup parmi mes correspondants — personnages délicieux tant que
l'on n'aborde pas le sujet de leur hobby. En fait, toute personne bienveil-
lante possède les instincts des socialistes et des anarchistes ; interprétée
à la lettre, la religion chrétienne est en tous points communisante. Les
conservatismes sociaux et politiques sont les produits d'un âpre bon sens
et d'une expérience musclée — de l'aspect pratique et cynique de l'es-
pèce humaine, ce qui fait qu'ils voient les réalités au lieu des illusions
poursuivies. Je suis moi-même un conservateur parce que cynique et
païen. Vous connaissez certainement ce dicton qui dit — " si un homme

(35) Lettre à Miss Helen V. Sully du 28.06.1934.

n'est pas socialiste avant ses vingt-cinq ans, c'est qu'il n'a pas eu de cœur ; et s'il est socialiste après ses vingt-cinq ans, c'est qu'il n'a pas eu de tête ! " *Le véritable problème avec les* " *radicaux* " *de Greenwich Village n'est pas le radicalisme véritable, mais un manque de sincérité et une grossière habitude de poser qui emprunte l'apparence du radicalisme pour détourner facilement l'attention. Des radicaux comme ceux-là ne sont pas dangereux, mais simplement ennuyeux — et à l'occasion repoussants lorsque leurs manières se distinguent trop souvent de la moyenne. De temps à autre, de réels talents surgissent, aussi ne peut-on les rejeter en masse* [36] *; mais en général, ce sont des charlatans qui tapent sur des caisses et des chaudrons parce qu'ils ne savent pas jouer du violon. Grossiers et pitoyables — mais guère extraordinaires !* " [37]

Au milieu de ce déferlement labyrinthique d'opinions, peut-on tenter d'esquisser le gouvernement idéal de Lovecraft ?
En 1934, il écrit :
" *Vous ricanez de mon idéal de gouvernement réduit à des hommes correctement formés à cette tâche et qui sauraient ce qu'ils ont à faire ! De plus, vous dites que si mon idéal de gouvernement était en place, je vous aurai brûlé — ou j'aurais pu vous brûler — sur le bûcher pour vos goûts et vos centres d'intérêt. Voilà précisément quelque chose que mon gouvernement ne ferait jamais, ne voudrait pas faire, et ne tolérerait pas ! L'acquis premier et primordial de toute civilisation mature ou authentique est la complète liberté artistique et intellectuelle, de manière à ce qu'aucune restriction ne puisse être apportée quant à la pensée ou aux goûts. Une opinion modifiée sous la contrainte n'est nullement une opinion modifiée. Aucune civilisation digne de ce nom ne souhaite modifier quelque opinion que ce soit, excepté par des arguments rationnels destinés à faire en sorte que les tenants d'une erreur la comprenne. Ne jugez pas la forme de fascisme que je préconise à l'aune de ce qui existe à l'heure actuelle. Chaque civilisation a besoin d'une forme différente adaptée à son propre tempérament. Et les formes italiennes, turques et allemandes représentées par Mussolini, Mustapha Kemal et Hitler ne sont pas pour nous. Je serai le dernier à soutenir que ces systèmes restrictifs soient applicables aux Anglo-Saxons.* [38] "

Les politiques, intérieure et extérieure, des États-Unis ont-elles, de son vivant, satisfait Lovecraft ?

[36] En français dans le texte.
[37] Lettre à Elizabeth Toldridge du 1.07.1929.
[38] Lettres à Robert E. Howard des 27 et 28.07.1934.

Chapitre III

LA POLITIQUE INTÉRIEURE DES ÉTATS-UNIS

Les premiers écrits lovecraftiens que nous avons pu consulter et qui traitent de la politique intérieure des États-Unis datent de 1926 (Lovecraft a alors trente-six ans). Nous allons donc esquisser à grands traits les années précédentes, celles de sa jeunesse et de son adolescence.

Les États-Unis ne doivent, depuis leur origine, leur existence qu'à l'afflux continu d'immigrants. De 1820 à 1900, ils furent un peu plus de 19 millions. Canadiens français, Irlandais, Allemands, Britanniques et Scandinaves ont fourni les contingents les plus importants (seuls, les Chinois, depuis 1882 et les Japonais, depuis 1908, se virent interdire l'accès au sol américain). Cette immigration " de masse " engendra des réactions contradictoires. D'un côté on loua l'efficacité du " melting-pot ", de l'autre on s'interrogea : fallait-il limiter l'immigration ? Lovecraft, alors imbibé des idées racistes, a vite fait son choix :

" *Réellement la grande question dans toute politique d'immigration n'est pas tant l'effet sur un avenir éloigné que le fait de maintenir une homogénéité suffisante de la population pour éviter que les gens qui sont légitimement nés dans un endroit aient l'impression d'être des étrangers sur leur sol héréditaire. Il n'y a qu'un sacré fou pour attendre d'un peuple d'une certaine tradition de se sentir à l'aise quand son pays est envahi par des hordes d'étrangers qui — qu'ils lui soient égaux, supérieurs ou inférieurs au point de vue biologique — lui sont tellement opposés aux points de vue physique, émotionnel et intellectuel qu'une coexistence harmonieuse est pour ainsi dire impossible. Une telle immigration est la fin de toute existence supportable, la pollution et le déclin de tout art et de toute culture. La permettre ou l'encourager, c'est aller au suicide — comme vous pouvez le voir clairement dans cet enfer qu'on appelle New York, où un chaos de racaille a fait monter une puanteur intolérable pour tout homme blanc ayant le respect de lui-même. Biologiquement, le Nordique n'est probablement pas supérieur au Méditerranéen de la meilleure souche, ou à l'ascendance sémitique blanche non corrompue et à présent presque éteinte ; mais exactement comme la culture chinoise doit être préservée là où elle a été menacée, là où la culture nordique a été une fois menacée, elle doit être protégée.* " [39]

(39) Lettre à James F. Morton du 27.09.1926, in Lovecraft, *Lettres,* Christian Bourgois, Paris, 1978.

Lovecraft ne faisait qu'épouser là les théories de certains politiques. Dès 1906, le sénateur Henry Cabot Lodge avait entrepris de faire adopter un projet de loi exigeant qu'un immigrant sache au moins lire dans sa propre langue. Le Président Grover Cleveland y avait alors opposé son veto tout comme le feront William H. Taft en 1913 et Thomas W. Wilson en 1915. En revanche, en 1906, le Congrès avait renforcé les contrôles et accru le nombre des exclus avant d'adopter, en 1916, une loi qui amplifiait ces dispositions et qui créait en fin de compte un test d'alphabétisation.

Il faut d'ailleurs noter que Lovecraft tiendra le même discours, encore plus affirmé, sept ans plus tard, même après qu'il ait amorcé un virage vers une certaine forme de socialisme :

" *Somme toute, les théoriciens radicaux de l'influence étrangère immigrante en font trop. Il est vrai que des hordes dont l'héritage n'était pas l'anglais sont entrées dans le pays — mais cela n'a rien à voir avec la culture en place. Ces étrangers n'ont pas " fait " la nation. Ils ont seulement afflué plus tard et bénéficié de ce que d'autres avaient fait. Notre propre civilisation fut irrévocablement installée bien avant qu'ils n'arrivent, et il serait fou de supposer que nous autoriserons ces minables voleurs à déranger les fondations édifiées pour nos descendants. Ils doivent se conformer à la culture originelle qu'ils trouveront, ou bien aller au diable. Nous avons fait cette nation, et si l'un de ces rôdeurs de Juifs et de ces Dagoes* [40] *qui rampent après nous pour dévorer le fruit que nous avons laborieusement planté pense qu'il peut nous dicter sa loi, il ne tardera pas à recevoir nos coups de pied au cul. N'importe comment, beaucoup d'entre eux n'étaient que la lie et le rebut de leurs pays — des gringalets incapables d'être bons parmi les leurs. Nous accueillons ceux des nouveaux venus, biologiquement et culturellement assimilables, qui sont disposés à se conformer à nos institutions : mais si ces paysans rampants ou ces bâtards du ghetto s'attendent à entrer en masse et à nous façonner à leur propre image, nous leur montrerons en peu de temps où ils doivent descendre !* " [41]

Après avoir examiné la vision raciste de Lovecraft face à l'immigration, venons-en à celle, essentiellement antisémite, du racisme tout court qui prévaut chez lui en 1926 :

" *Bien que je sache parfaitement qu'une grande partie des antécédents raciaux inclus dans les limites nominales de la Juiverie soit excellente et très bien assimilable par une majorité nordique si la proportion n'est pas excessive, je ne suis pas prêt à admettre que le courant culturel oriental de la tradition hébraïque ait une place légitime dans une civilisation occidentale et aryenne. Nous pouvons absorber graduellement*

---

(40) Terme injurieux désignant une personne d'origine espagnole, italienne ou portugaise.
(41) Lettre à J Vernon Shea du 29.05.1933.

tels éléments juifs qui ont une dominante nordique ou même méditerra-néenne dans leur composition biologique — des Juifs allemands aux yeux gris perçants, à la peau blanche comme le premier August Belmont [42], ou des types ascétiques Juifs portugais comme ceux dont le sang a déjà coloré dans une grande proportion la masse du peuple espagnol. Mais cette absorption exige une complète capitulation de leur part — l'acceptation de notre point de vue, de nos fidélités, de notre re-ligion, et de notre héritage aryens. En d'autres termes ils doivent se je-ter complètement dans le courant principal et oublier absolument leur passé individuel ; autrement, ils détermineront de désagréables croise-ments de goûts et de sentiments qui continueront à les rendre sociale-ment déplaisants. Nous ne pouvons nous sentir à l'aise — même si nous le voulons — avec des personnes motivées par une série d'émotions fon-dées sur une histoire raciale totalement antipathique et (à nos yeux) po-sitivement méprisable. Au point de vue culturel, le Nordique et le Juif ne peuvent jamais trouver de terrain d'entente parce que chacun hait cor-dialement ce qui est sacré pour l'autre. Le Juif, à commencer par lui, est un fanatique de la morale, dépourvu d'humour et émotionnellement surdéveloppé. Avec un penchant pour le grandiose et une indifférence absolue pour cette fierté et ce courage physique qui, à notre point de vue, donnent réellement la mesure d'un homme. Vous pouvez imaginer la réaction naturelle de cette souche à l'esprit étranger devant nous au-tres, hommes libres impossibles à conquérir, enjoués, aimant la puis-sance, d'une indomptable fierté. Et ce n'est pas ce qu'il y a de pire. S'ajoutant à cette aliénation culturelle essentielle du Juif, il y a son his-toire ignominieuse depuis 2000 ans. Incapable de résister à ses conqué-rants, il n'a jamais pris de position courageuse sauf lorsque sa manie de la morale pousse l'individu à résister à l'empiètement spirituel ; mais il s'est contenté de se faire tout petit, de comploter avec des sou-rires affectés et souffreteux et des mains graisseuses, de s'aplatir sur tous les paillassons. Donnez-lui un coup de pied, et il s'excusera en gé-missant de s'être trouvé sur votre chemin ! Maintenant, pour lui, cela ne veut rien dire ; parce que sa tradition a attaché son approbation émo-tionnelle à d'autres choses — pour la plupart des illusions éthiques et spirituelles. Il peut esquiver tranquillement le bout de nos souliers et nos boîtes de fer blanc avec un amour-propre intact, parce que sa vie est bâtie sur un modèle qui n'a rien à faire avec notre échelle de valeurs et notre idéal de l'humanité. C'est l'Orient éternel — vous pouvez le voir aussi bien chez le fakir hindou et chez le coolie chinois. Mais tout cela, tout en étant satisfaisant pour lui, ne signifie rien à nos yeux. Nous sommes qui nous sommes, nous avons hérité de nos propres valeurs oc-cidentales, et nous ne pouvons en aucune façon nous empêcher

(42) August Belmont, banquier américain (1816-1890).

d'éprouver des sentiments de la plus complète aversion, de la plus grande répugnance et d'un total mépris à l'égard d'une culture ou d'une race qui ne correspondent pas à ce que nous pensons que des hommes doivent être d'après notre idéal fondamental. Nous ne pouvons pas nous en empêcher, si sage ou perspicace que puisse être quelque Rabbin Isaachar ben Levi — s'il ricane quand nous tirons ses favoris grouillant de vermine, nous sommes poussés par une tendance élémentaire à ressentir un dégoût profond et insurmontable. C'était ce qu'éprouvaient les Romains à l'égard des philosophes rampants du monde hellène déchu. Rien n'est plus idiot que la banalité suffisante avec laquelle le travailleur social idéaliste nous dit que nous devons excuser la psychologie repoussante du Juif parce que, en le persécutant, nous nous en sommes rendus responsables en partie. C'est une sacrée bêtise qui escamote complètement la vraie conclusion. Nous méprisons le Juif non seulement à cause des stigmates causés par notre persécution, mais aussi à cause de son manque de réaction (de notre point de vue) qui nous a permis de le persécuter ! Quelqu'un irait-il imaginer pour un instant qu'une race nordique pourrait être malmenée par ses voisins pendant deux millénaires ? Dieu ! Ou bien ces Nordiques se seraient battus jusqu'au dernier, ou bien ils se seraient révoltés et ils auraient balayé leurs persécuteurs de la surface du globe ! C'est parce que les Juifs ont permis qu'on leur fasse jouer le rôle d'un ballon de football que nous les détestons instinctivement. Remarquez combien plus grand est notre respect pour ces autres Sémites, les Arabes, qui ont le cœur haut placé — ils le prouvent par leur courage et un sens rieur de la beauté — que nous comprenons émotionnellement et que nous approuvons.

En ce qui concerne maintenant cette double barrière — aliénation de l'impulsion primitive et mépris résultant des conséquences historiques de cette aliénation — faut-il supposer un instant qu'il peut exister un rapport commun entre les éléments symbolisant ou représentant les types opposés, aryen et hébraïque ? Il n'y aurait qu'un idéaliste dans les nuages pour envisager une telle circonstance. Les Aryens, en tant qu'Aryens, ressentiront toujours une aversion pénible et profondément enracinée à l'égard des Juifs, en tant que Juifs ; et l'introduction d'un important élément juif dans la vie sociale, intellectuelle et esthétique d'une communauté ne peut avoir pour résultat que la persistance de deux courants distincts n'ayant aucun contact. Les gens qui ont entendu des chansons différentes fredonnées au-dessus de leur berceau chanteront des chansons différentes quand ils auront l'âge de chanter. Et ceci, nous devons le noter très soigneusement, s'applique au meilleur type de Juifs aussi bien qu'à leur racaille indécrottable. Ils peuvent être d'une belle culture — et même d'une belle race — mais tant qu'un groupe remonte à des sources entièrement répugnantes pour notre sens esthétique, nous le détesterons toujours. Si bien que je dis ceci : tandis qu'il est éminemment désirable de sauver les Juifs de bonne souche par une absorption très graduelle à l'intérieur de l'ensemble aryen et dominant, il est absolument nécessaire que ce sauvetage soit accompagné d'un effacement total des traditions des nouveaux venus. Il faut qu'ils soient frappés d'une amnésie totale aussi bien intellectuelle qu'esthétique, et qu'ils se joignent à nous comme Aryens quand ils le font. Quant à la culture sémitique — ce n'est pas à nous de dire, dans un sens absolu, un mot pour ou un mot contre. Elle a produit une imposante série d'idées et de principes et que sommes-nous pour dire qu'ils sont le moins du monde d'une importance inférieure aux nôtres, intrinsèquement ? Comme pour la culture chinoise dont nous reconnaissons librement l'absolue grandeur, nous pouvons dire que la culture juive est, sans aucun doute, excellente, tant qu'elle reste à la place qui lui convient. Mais cette place ne se trouve pas parmi nous, car ces points de vue qui sont parfaitement harmonieux tant qu'ils se trouvent dans le cadre d'autres idées hébraïques, deviennent totalement discordants, hostiles, et injurieux quand ils sont mis en contact avec des points de vue dont l'origine et la direction sont totalement différentes et opposées. Le sémitisme ne nous a jamais fait que du mal quand il nous a été imposé ou quand nous l'avons adopté accidentellement. Il nous a donné les hypocrisies vagissantes de la doctrine chrétienne — à nous qui, selon toutes les lois de la Nature sommes des païens virils, belliqueux, amoureux de la beauté, qui sommes des polythéistes nordiques ! Nous qui devrions hurler de rire à l'adresse d'Odin et de Thor, nous sommes contraints de nous prosterner comme des esclaves orientaux devant les autels, plongés dans une maladive pénombre, dédiés à un poitrinaire crucifié. [43] *Pouah ! Cela écœure mon âme de Teuton blond ! Et notre dernière vague d'imitation hébraïque — le mouvement Puritain — a donné naissance à de telles horreurs qu'un chroniqueur de la Nouvelle-Angleterre rougit de les rapporter. Dieu Tout-Puissant ! Penser que le prénom de mon propre arrière-grand-père maternel était Jeremiah ! Mais par bonheur, le rituel et la pratique chrétiens se sont, au milieu des types les plus civilisés, progressivement débarrassés par pure influence raciale, de leurs caractères orientaux les plus incongrus et critiquables. Alors, que devons-nous faire de nos Juifs ? En absorber quelques-uns comme Aryens — bel et bien — cela a été fait dans une faible mesure sans effet nuisible. Mais chacun sait que cela n'est possible qu'au compte-gouttes ; car la plupart des Juifs s'entêtent comme des mules dans leurs croyances, et de toute façon, ils sont pour la plupart incapables d'être assimilés sur le plan racial. Que faire de cette majorité étrangère ? Eh bien — comme pour les Nègres, il n'y a qu'une*

---

(43) En dépit de son emploi péjoratif, le qualificatif de " poitrinaire " appliqué au Christ n'est pas dénué de tout fondement. S'appuyant sur le récit minutieux, par les évangélistes, des derniers moments de Jésus, plusieurs médecins et exégètes ont cru reconnaître chez lui des antécédents de troubles respiratoires. Troubles attestés par l'impuissance à porter la croix, et par l'eau issue du côté perforé par le coup de lance, qui traduirait un épanchement pleurétique… Voir entre autres l'inénarrable Dr Binet-Sanglé : *La Folie de Jésus*, Maloine, 1910 ; tome I, pp.289-335.

chose que nous puissions faire à titre d'expédient immédiat pour nous sau-
ver : les tenir à l'écart de notre vie nationale et raciale. Avec le Noir, le com-
bat est complètement biologique tandis qu'avec le Juif, il est principalement
spirituel ; mais le principe est le même. Nous sommes Aryens et notre seul
avenir comme souche ayant le respect d'elle-même réside dans notre résis-
tance à tout ce qui ressemble à une hybridation mentale alexandrine. [44]
Protégeons dans toute sa gloire notre héritage : notre vie occidentale, ses im-
pulsions et ses principes, résistons jusqu'à la mort à toute tentative de greffer
sur l'ensemble de nos coutumes nationales tout sentiment ou toute caracté-
ristique en marge de ce que nous tenons des grands Aryens blonds qui nous
ont engendrés, qui ont fondé notre civilisation anglaise et la nation anglo-
américaine. Si un certain nombre de gens venus d'ailleurs éprouvent le désir
de vivre parmi nous, cantonnés à part, il peut être politique de le leur per-
mettre — au moins provisoirement. Mais jurons par le Dieu vivant, puisque
nous nous respectons comme des hommes blancs nordiques et libres, qu'ils
ne porteront pas la main sur nos institutions et qu'ils n'infuseront pas leur
idéal dans l'ensemble de ce que nous avons hérité. Nous devons dire au
Juif : " Vivez votre vie, ici ou ailleurs ; mais rappelez-vous que vous vivez
parmi des Aryens, qu'on ne doit pas déranger ". Lorsque l'intrus cherche à
obtenir la parole dans nos assemblées, et s'efforce subtilement de modeler
le sentiment national pour le mettre en accord avec ses propres principes —
parmi lesquels figure un mépris cynique de nos sentiments et de nos fidélités
les plus chères, qui est visible chez les Trotsky bolcheviques et les Ben
Hecht [45] *iconoclastes — il n'y a qu'une seule réponse possible de la part*
des fils non émasculés des honnêtes Anglais mangeurs de rosbif, et des
Yankees efflanqués qui ont fait cette nation ; et cette réponse est simplement
celle-ci : Allez au Diable ... " [46]

La diatribe outrancière se poursuit contre la population immigrée new-
yorkaise (Lovecraft a vécu deux années, de mars 1924 à avril 1926, à
New York) :

" Et naturellement, on ne peut parler calmement du problème mongo-
loïde de New York. Cette ville est souillée et maudite — j'en reviens avec
l'impression d'avoir été sali par son contact, et j'aspire à trouver dans
l'oubli un solvant qui me nettoie !... Comment, au nom du Ciel, des
hommes blancs sensibles et se respectant peuvent-ils continuer à vivre
dans le bouillon de culture asiatique qu'est devenue cette région —

(44) Allusion possible au cosmopolitisme et au foyer d'échanges qui caractérisaient
Alexandrie sous les Ptolémées.
(45) Ben Hecht (1894-1964). Témoin sans complaisance de la civilisation américaine.
D'abord journaliste à Chicago puis auteur de pièces, de romans (*Erik Dorn*, 1921), et de
nouvelles. Scénariste et producteur de films : *Scarface, Les Hauts de Hurlevent.*
Lovecraft écrivit à son sujet : *" J'ai lu effectivement jusqu'au bout* Erik Dorn *parce qu'il*
contient une haine de l'humanité qui constitue en elle-même un élément unique en litté-
rature et revigorant ". (Lettre à Frank B. Long du 8 janvier 1924).
(46) Lettre à Frank B. Long du 21.08.1926, in Lovecraft, *Lettres*, op.cit..

*avec de tous côtés des traces et des souvenirs de cette invasion de sau-
terelles — cela me dépasse complètement. En fait, je suis bien sûr que
cela ne continuera pas. New York deviendra un vaste centre commercial
pour les Blancs faisant de longs trajets pour y venir travailler — et pour
leurs rejetons innommables. Quand, à la longue, le pouvoir de ces derniers atteindra des niveaux de rivalité dangereusement élevés, je ne vois
pas d'autre issue que la guerre ou la séparation de l'Union. Il y a ici un
grave et important problème auprès duquel le problème noir n'est
qu'une plaisanterie — car dans ce cas nous n'avons pas affaire à des
demi-gorilles arriérés, mais à des ennemis jaunes, sans âme, dont les
carcasses répugnantes recèlent de dangereuses machines mentales dé-
tournées, au mépris de la culture, dans la seule direction du gain matériel obtenu furtivement à tout prix. [...] Alors, montrons notre puissance
physique comme hommes et comme Aryens, accomplissons une dépor-
tation scientifique de masse à laquelle on ne pourra pas se soustraire et
d'où l'on ne reviendra pas. [...]*
*Eh bien — c'est l'effet que vous font deux années passées à New York ! Je
n'aurais pas pu sentir les choses de cette façon (tandis que même alors mes
principes abstraits étaient déjà ceux-là) en 1923 ou avant, et même actuellement : cela est destiné probablement à s'effacer dans un an environ — spécialement depuis qu'en Nouvelle-Angleterre nous avons nos propres malédictions locales (bien qu'elles n'encombrent pas tout le paysage !) sous
forme de Portugais simiesques, d'Italiens du sud inqualifiables, et de
Canadiens Français baragouineurs. Dans l'ensemble, notre malédiction est
latine exactement comme la vôtre est sémitico-mongoloïde, celle des habi-
tants du Mississippi africaine, celle des gens de Pittsburgh est slave, de
l'Arizona mexicaine, des Californiens sino-japonaise. Et ainsi, pour emprunter une citation à une œuvre littéraire hébraïque d'une manière découra-
geante — Amen ".*

*" Les choses sont ainsi. Il y a en Amérique deux problèmes juifs — l'un
national et culturel, auquel nous devons faire face par une résistance
énergique à toutes ces idées corruptrices qu'engendrent les races de parasites et de serfs ; et un autre, local et biologique — le problème mongo-
loïde de New York qui doit être résolu Dieu sait comment, mais par la
force plutôt que par l'intelligence. Le Juif de sang aryen dominant et d'un
niveau élevé est mieux assimilé. L'Hébreu fondamental d'une grande
puissance intellectuelle sera plutôt socialement mis à l'écart. "* [47]

*" Au sujet de sa critique [...] de mon allusion au contrôle des journaux
new-yorkais par les Juifs — il manque le point essentiel. Je n'ai pas dit
que les Juifs possédaient tous les journaux, mais simplement qu'ils*

(47) Lettre à Frank B. Long du 21.08.1926, in Lovecraft, *Lettres*, op. cit..

contrôlent leurs politiques éditoriales par des canaux économiques. Le seul grand levier est la publicité. Théoriquement, tous les grands groupes commerçants de New York (sauf Wanamaker) sont solidement juifs même lorsqu'ils conservent apparemment les noms des premiers propriétaires aryens. Et il en est ainsi d'une nette majorité de ces grands commerces. Ces commerçants sémites sont extrêmement corporatistes et ombrageux, et ils s'arrangeront pour retirer leur publicité à un journal chaque fois qu'il leur déplaira. Et, comme l'indique Mencken [48], l'étendue de leur agacement est sans limites. Ils n'apprécient même pas l'usage fréquent du mot " Juif " dans les journaux, alors ceux-ci parlent des " agitateurs de l'East Side ", des " marchands du Bronx ", des " immigrés russes ", etc... Laissez un journal de New York tenter de faire allusion à ces gens de façon franche, impartiale et objective comme le ferait un journal de Providence, de Pittsburgh ou de Richmond, et toute la meute des chiens de la synagogue est après lui — appelant à la vengeance des cieux, lui retirant la publicité, et annulant les abonnements — ce sera son dernier grand article dans cette ville où un tiers de la population est sémite d'origine et de tempérament. Le résultat est que pas un journal dans New York n'ose s'affirmer en traitant des Juifs et des questions sociales et politiques qui s'y rattachent. Toute la presse est leur esclave, de sorte que, de long en large dans la ville, il est impossible d'assurer la moindre expression publique américaine — la moindre expression franche de l'esprit et des opinions typiques du véritable peuple américain — et ce sur une gamme large et potentiellement importante de sujets. C'est seulement en lisant la presse étrangère et les magazines nationaux que les New-Yorkais peuvent avoir une idée de la manière dont les Américains considèrent le nazisme, la question palestinienne (dans laquelle, selon des critères objectifs, les Arabes ont entièrement raison, alors que les Anglais et les Juifs ont tous deux scandaleusement tort), la politique américaine de l'immigration, etc... C'est cela, le contrôle par les Juifs, et que je sois damné si ça ne me fait pas voir rouge — dans une ville qui fut une partie de la structure américaine véritable, et qui exerce encore une grande influence sur cette structure à travers sa taille psychologiquement impressionnante et sa domination à la fois par le canal de la finance et par celui de divers moyens d'expression (théâtre, édition, critique, etc...) Dieu sait que je ne souhaite injurier aucune race sous le soleil, mais je pense fermement qu'il faut faire quelque chose pour libérer l'expression américaine de l'emprise de tout élément qui cherche à la limiter, à la déformer, ou à la remodeler dans une direction autre que celle de son cours naturel. Que diable pouvons-nous attendre après les avoir laissés entrer et leur avoir racontés qu'ils pouvaient faire ce qu'ils voulaient ? Il est parfaitement naturel

(48) Henry Louis Mencken, journaliste, critique et essayiste américain (1880-1956).

pour eux d'agir en leur faveur comme ils le peuvent, et d'aimer le faire. Les Italiens et les Canadiens français du Rhode Island essaient de faire de même (avec moins de succès, bien que les Dagoes aient réalisé des gains alarmants à Providence, où ils doivent former près de la moitié de la population malgré leur isolement trompeur dans l'un des grands quartiers), et je ne le leur reproche que modérément. " [49]

Le racisme lovecraftien s'exercera également en direction des Noirs, auxquels les États-Unis furent également confrontés après l'instauration de l'esclavage. Nous aurons l'occasion de l'évoquer longuement.

LES ANNÉES 20

Un essor économique prolongé avait marqué l'aube du XXème siècle. L'entrée en guerre, en avril 1917, des États-Unis comme puissance associée à l'Europe, ne se fit pas sans quelques grincements de dents. Après que le gouvernement du démocrate Thomas W. Wilson ait dès 1914 prôné la neutralité, une minorité agissante (socialistes, religieux, pacifistes) manifesta son opposition à la participation à la guerre, mais nombre d'Américains ne se sentirent pas concernés. L'effort de guerre américain fut d'envergure, mais en novembre 1918, les États-Unis le stoppèrent net, jetant sur le pavé une main-d'œuvre désœuvrée. En 1919, 3600 grèves éclatèrent, auxquelles s'ajoutèrent des émeutes raciales durant l'été : pour la première fois, des Noirs répondirent à la violence et n'hésitèrent pas à se défendre). Ces événements furent en fait la traduction d'une peur confuse de la plupart des Américains face à des changements soudains et brutaux et expliquent en grande partie l'échec des Démocrates en novembre 1920. Warren G. Harding devint le 29ème Président, républicain, des États-Unis, et avec lui s'ouvrirent les " Années Folles ".
Les années 1920 furent en partie rendues " folles " par la Prohibition, interdiction décrétée par l'administration Wilson de fabriquer et de vendre toute boisson alcoolisée de plus d'un degré (sic). Très difficile à faire respecter, cette loi fut abrogée en 1933. Fidèle à son principe, Lovecraft évoque, de façon très détachée, cet épisode dans deux lettres — encore que la seconde analyse l'impact de la boisson — rédigées en 1932 :

" Je n'ai jamais été capable d'arriver à comprendre pourquoi les gens semblent trouver la paradis artificiel de l'excitation par l'alcool si nécessaire à leur bonheur. J'ai quarante-deux ans — je les aurai le mois prochain — et n'ai jamais touché une goutte d'alcool sous quelque forme que ce soit [...] et n'ai pas l'intention de le faire. [...] Je ne vois dans l'ivresse rien de gracieux ni d'attrayant ; par contre, je vois en elle un obstacle considérable à l'adminis-

____

(49) Lettre à J. Vernon Shea du 8.11.1933.

tration efficiente de la société. J'ai été pour la Prohibition jusqu'à ce que je m'aperçoive que la loi n'était pas respectée, et le serai à nouveau si je pense qu'il y a là une voie possible pour décourager réellement le buveur chronique. " (50) *" En ce qui concerne l'alcool — je lis avec beaucoup d'intérêt votre présentation de quelques-uns de ses aspects et effets, qui confirment mon avis qu'en général, c'est pour oublier plutôt que pour de pures sensations fortes que le Nordique (à distinguer du Latin) boit. Je peux comprendre l'argument de ceux qui pencheraient pour accorder le répit de la boisson aux classes oppressées comme compensation à leur fardeau et à leur détresse ; mais tout bien pesé, je ne crois pas que ce soit aussi en faveur des opprimés qu'il y paraît à première vue. Plus ils se saoulent, plus leur constitution biologique se dégrade, et plus leurs chances de sortir de l'ornière diminuent, aussi bien du point de vue de la réussite individuelle que de l'action politique concertée pour un ordre social plus juste. Si quelques riches industriels voudraient rendre les masses plus sobres afin de disposer de meilleurs travailleurs, il en est d'autres qui préféreraient les maintenir sous l'emprise empoisonnée de l'alcool pour les empêcher de réfléchir, de s'organiser, et d'exercer une pression politique. Il me semble qu'à ce stade avancé de l'évolution sociale, alors que les facteurs économiques et sociaux sont mieux compris qu'autrefois, il serait plus avisé d'étudier les moyens de réduire la misère générale par l'intermédiaire d'allocations de travail contrôlées, la garantie de pensions de retraite et d'assurance chômage, et la réduction graduelle des sources de profits excessifs en faveur d'un système de complémentarité et de coordination, au lieu de fermer les yeux sur les malheurs des défavorisés et de leur procurer le poison qui les leur fera oublier. L'avenir nous le dira. Je doute beaucoup, cependant, que les changements sociaux nécessaires puissent être réalisés par l'intelligence propre et la conscience organisatrice des classes inférieures... "*

Entre 1920 et 1929, la production industrielle doubla, passant de l'indice 58 à l'indice 110, croissance effectuée sans apport de main-d'œuvre, grâce à une remarquable amélioration de la productivité, due au progrès technique et à des idées novatrices comme celles de Frederick Taylor. (51) Pourtant, le salaire moyen n'a pas autant augmenté que les dividendes des actionnaires (rengaine bien connue du capitalisme) ; de vastes secteurs de pauvreté demeurent. L'essor de l'industrialisation ne s'est en aucune façon accompagné d'un plein emploi. Cet état de fait permet à Lovecraft d'exprimer une position attentiste :

" À l'époque actuelle, on ne peut pas dire que l'existence de l'Américain civilisé et sensible soit vraiment digne d'être vécue — sauf s'il se montre capable de s'échapper du milieu ambiant par l'imagination, soit dans le passé de son propre courant culturel, soit dans un hypothétique avenir fantastique

<hr>

(50) Lettre à Robert E. Howard du 25.07.1932.
(51) Frederick William Taylor, ingénieur américain (1856-1915). Ses idées porteront le nom de " taylorisme ".

sorti de ses rêves. Les lourdauds peuvent très bien supporter la barbarie usurpatrice — cela montre assez leurs esprits prosaïques et leurs personnalités limitées — mais les êtres humains pleinement évolués retourneront dans le vieux monde à moins que quelque chose soit fait pour restaurer la civilisation dans le nouveau. [...] L'idéal de productivité de la " civilisation " mécanisée survoltée de ce continent est trop complètement stérile pour rendre supportable le processus de conscience à celui qui possède une imagination développée et une sensibilité délicatement harmonieuse. Il n'y a aucun avantage à rester en vie — aucune nourriture pour la myriade d'affamés spirituels de la personnalité civilisée. " [52]

À PARTIR DE 1929

À ces difficultés économiques s'ajoutent les bouleversements de la politique d'immigration. En 1921 et 1924 avaient été votées les lois dites " des quotas ". La première, celle de 1921, limitait l'admission à 3% des personnes originaires de chacun des groupes ethniques figurant au recensement de 1910. La loi de 1924 reprit, sur la base du recensement de 1890, la même idée avec une limitation de 2% de chacune des nationalités en provenance d'Europe (l'immigration des Canadiens et des latino-Américains s'effectua hors quota). À long terme, ces lois montrèrent leurs effets pervers : l'immigration ne fournissait plus la main-d'œuvre non qualifiée nécessaire en temps de mécanisation, et dont l'Amérique aurait pourtant eu davantage besoin que d'ouvriers qualifiés. Pour suppléer cette carence, les patrons firent appel aux Noirs venus du Sud et dont l'assimilation posa d'énormes problèmes.

Tous ces faits eurent une influence directe sur la crise économique qui éclata en 1929. Intense désarroi après une période de prospérité qui avait masqué les failles : surplus agricoles, manque de débouchés pour certains produits industriels, inégalité criante des revenus. Le 23 octobre 1929, le Dow Jones, indice des valeurs industrielles de la bourse de New York, s'effondra et perdit 45 points à l'ouverture. Conséquences à court terme : les investissements se raréfièrent pour cesser presque complètement. En 1933, le chômage fut une " catastrophe nationale " : de 4,5 millions en avril 1930, on atteignit les 16 millions trois ans plus tard.

Sur tous ces thèmes majeurs, Lovecraft nous a laissé nombre de documents. Deux textes font état des difficultés du moment. Celui qui suit est à rattacher aux grandes idées lovecraftiennes sur la vacuité existentielle :

" Aujourd'hui, tout gouvernement nécessite les technologies les plus abstruses et les plus complexes, de sorte que le citoyen moyen est absolument

(52) Lettre à Woodburn Harris du 9.11.1929.

incapable d'estimer la valeur des mesures proposées. Seuls des techniciens de compétence élevée peuvent réellement se faire une idée des tenants et aboutissants d'une politique ou d'une opération gouvernementale — ce qui fait que la prétendue " volonté du peuple " n'est qu'une notion superflue sans la moindre trace d'efficacité pour se confronter aux problèmes spécifiques et les traiter. Tout gouvernement efficace doit être assuré par des spécialistes qui travaillent en coordination et doivent avoir la possibilité d'établir des plans sur de longues périodes sans risque d'interférence ou de renversement. C'est vrai autant pour un gouvernement communiste que fasciste — car la Russie contemporaine est régie par un très petit groupe d'hommes qui, malgré leur condition modeste et leur manque de culture générale, sont néanmoins hautement qualifiés dans leurs créneaux respectifs, selon les critères de l'idéologie dominante. La cause de la situation contemporaine réside, bien sûr, dans l'invention de la mécanisation, capable d'instaurer de nouveaux rythmes de l'économie ainsi que de la vie et de l'organisation sociales — phénomène impersonnel et inévitable qui ne pouvait pas produire de résultats différents. C'est pourquoi il n'y a pas de raison de s'indigner de ces choses, quel que soit le degré de regret qu'on puisse naturellement éprouver quant aux pertes culturelles et à la fin des traditions consécutives à ce profond réajustement. Il n'aurait pu en être autrement. " [53]

Dans ce texte, Lovecraft en appelle aux gouvernements, c'est-à-dire à celui du républicain Herbert Hoover, mais également à ceux de ses prédécesseurs Calvin Coolidge et Warren Harding, également Républicains.

Alexander DeConde écrit :

" Hoover pensait que l'aide aux chômeurs affamés et méritants viendrait des gouvernements locaux des États et des comtés, et pas du gouvernement fédéral. Il recommanda pourtant au Congrès de voter des fonds pour un énorme travail public. Le congrès créa le 22 janvier 1932 la Reconstruction Finance Co., au capital initial de 500 millions de dollars, qui tenta d'apporter une aide indirecte aux chômeurs en prêtant aux compagnies d'assurance, aux banques, aux organisations d'agriculteurs, aux chemins de fer, ainsi qu'aux gouvernements des États, des comtés et des villes, de l'argent pour stimuler l'activité économique et l'emploi. Les opposants critiquèrent cette théorie du " coulage ", basée sur l'idée que si le gouvernement aidait les affaires d'en haut, ces dernières créeraient plus d'emplois et relègueraient le chômage à un bas niveau. Il inaugura ainsi une nouvelle politique d'assistance pour ceux dans le besoin en ce moment de crise économique, encore que cela n'aida pas directement la masse des chômeurs. " [54]

(53) Lettre à Elizabeth Toldridge du 23.03.1931.
(54) Alexander DeConde, Université de Californie, Santa–Barbara pour *Encyclopedia Americana*.

Le second texte de Lovecraft est directement en phase avec cette action gouvernementale :

" *Vous êtes trop sûr de vous lorsque vous insistez sur le fait que les dirigeants actuels ne feront aucune concession tangible tant que la masse ne deviendra pas dangereusement consciente de son pouvoir. Notez que je ne suis nullement affirmatif quant à l'inverse. Je ne dis pas qu'un quelconque compromis est condamné à réussir. Seul un fou patenté peut se prétendre prophète devant les forces immenses, instables et complexes mises en œuvre. Je dis simplement que le compromis peut réussir, et j'espère beaucoup, quant à moi, qu'il en sera ainsi. Mais je ne suis pas loin de penser qu'une catastrophe — de l'instauration du communisme tyrannique au basculement dans la complète sauvagerie — puisse survenir à la place. Il y a ici un risque, selon que les dirigeants actuels verront, ou ne verront pas, la nécessité de concessions avant que la masse soit universellement consciente de sa puissance de destruction.* " [55]

Sur l'industrialisation, Lovecraft commence — c'est assez nouveau sous sa plume — à fustiger l'impact des profits à grande échelle. " *En ce qui concerne les perspectives sociales, économiques et politiques en Angleterre et ailleurs — on ne peut que regretter de nous trouver dans une période de transition majeure. De telles périodes sont inévitables à intervalles réguliers — lorsque de grands changements des conditions de vie surviennent trop soudainement pour être assimilés par les systèmes d'organisation en place et par la tradition — et la seule chose à faire est d'attendre un siècle, ou jusqu'à ce que les choses puissent avoir une chance de se recomposer. Avec de la chance, on peut espérer souhaiter voir les anciennes formes évoluer progressivement vers de nouvelles — en accord avec les faits contemporains, et sans cassures ni rudesses inutiles. Mais cette évolution ne peut pas se faire sans douleur, car la génération en place n'est pas habituée à ces conditions nouvelles, et s'accroche toujours aveuglément aux situations appliquées depuis longtemps durant les époques où elles furent conçues. Il n'y aura jamais d'équilibre ou de satisfaction dans aucun pays tant que toutes les bases fondamentales de l'économie n'auront pas été changées de façon à restreindre l'accumulation des profits sur une grande échelle, et à donner aux gouvernements le contrôle de facteurs tels que les conditions d'emploi et la coordination industrielle. Cela est devenu nécessaire du fait de l'avènement de la production mécanisée, et de la croissance, qui a suivi, d'un système complexe et incontournable d'une interdépendance industrielle qui paralyse toutes les lois et méthodes antérieures et laisse une grande partie de la population sans moyens de survivre si ce n'est en dehors de mesures particulières extérieures au cycle habituel des anciennes lois économiques. On peut apprendre beaucoup de la Russie soviétique, encore*

(55) Lettre à Henry George Weiss du 5.06.1931.

qu'on ne souhaite pas voir l'intégralité du système de ce pays — avec sa volonté de décourager l'esthétique pure et ses restrictions arbitraires de la liberté individuelle — adoptée par le monde occidental. Le choix est entre le chaos et la réorganisation, et l'homme sage choisit la seconde. Nul ne peut dire si le nouveau système sera aussi satisfaisant pour les hommes que l'ancien. Ce n'est qu'une question purement académique, puisque ce système constituera l'unique système possible, qu'on l'apprécie ou non. Pendant ce temps-là, c'est avec nostalgie que les gens habitués au vieux système suivront son effondrement. " (56)

Nouvelle preuve de modifications des idées lovecraftiennes que ce court texte dédié au socialisme :

" […] *le réalisme pur et dur cède graduellement devant le socialisme parce que c'est le seul ajustement mécanique des forces qui sauvera notre société stratifiée basée sur la culture, face à la pression révolutionnaire croissante des sous-hommes, de plus en plus désespérés, que la mécanisation a progressivement réduits au chômage et à la misère. Il nous faudra rétribuer ces sous-hommes en leur accordant de bons salaires pour des petits boulots dont on n'a nul besoin (parce qu'ils pourraient tout aussi bien être effectués au moyen de procédés mécaniques intensifs ne nécessitant qu'une main-d'œuvre réduite) […].* " (57)

Dans sa douloureuse évocation du chômage qui sévit alors, Lovecraft démonte le mécanisme de l'industrialisation avant d'en étudier les méfaits et de tenter une analyse prospective.

" *En ce qui concerne le chômage — la vague actuelle est la pire parce qu'elle combine un élément nouveau et durable à la dépression récurrente qui survient toujours, régulièrement, dans les nations à l'économie non contrôlée. Cet élément nouveau et permanent est ce que nous en sommes venus à appeler chômage technologique, et il est le résultat d'un effet de l'industrie mécanisée très simple mais d'une importance fondamentale — c'est-à-dire que, dans n'importe quelles conditions, et à un degré constamment accru au fur et à mesure que l'invention progresse, un nombre réduit de personnes suffit, toutes proportions gardées, à produire l'ensemble de ce qui est nécessaire à la consommation mondiale, ceci à cause de la puissance démultipliée à l'infini de la machine. Une fois le système établi, et le dispositif élaboré pour fabriquer un article, il n'y a pas de limites au nombre des articles qu'une simple poignée de machines soumises puisse produire. Si l'on produit davantage que la demande, il n'y aura personne pour acheter le surplus. De toute évidence, le vieux système de l'industrie individuelle non contrôlée ne peut plus fonctionner. L'entrepreneur, dans le système traditionnel, cherche à produire le plus possible avec un coût minimum, et donc met en place une mécanique qui simplifie les tâches, ne maintenant que les quelques hommes nécessaires à son fonctionnement, en les maintenant occupés aussi longtemps que l'y auto-*

---

(56) Lettre à Miss Elizabeth Toldridge du 31.08.1931.
(57) Lettre à James F. Morton du 18.01.1931.

rise la pression du syndicat. Cela lui assurait autrefois un bon profit, mais aujourd'hui il découvre qu'après que ce mécanisme de production peu coûteux, commode et inépuisable ait produit une certaine quantité de biens, il n'y a plus pour ces derniers de marché potentiel. Les gens ne consomment qu'une certaine partie de ces biens, de sorte qu'au-delà de cette limite les biens sont inutiles. Ce qu'on a appelé le " point de saturation " a été atteint, malgré des dispositifs artificiels comme les changements de mode et " les techniques de vente intensive ". De plus — l'entrepreneur a réduit son propre marché en essayant de produire à des coûts de moins en moins importants — comme le chien qui, tenant un os dans la gueule, le perd en cherchant son reflet dans l'eau. En licenciant les hommes et en installant les machines, il a ainsi étoffé la classe pauvre dont la solvabilité, qui pouvait constituer un marché, a matériellement diminué. Si les hommes ne peuvent travailler, ils ne peuvent gagner d'argent, et s'ils ne peuvent pas gagner d'argent, ils ne peuvent acheter de biens. L'entrepreneur est alors pris à son propre piège. En essayant de produire des biens à moindre coût, il a tellement ruiné de gens qu'il n'y en a plus de solvables pour acheter ses produits ! Éternel cercle vicieux — beau morceau de sombre ironie cosmique. Alors il boucle tout et vit des surplus accumulés tandis que la masse vit de charité ou meurt de faim. Aucun produit n'est créé. Les prix chutent, et les rares personnes qui ne vivent pas de la charité s'activent à utiliser le stock des biens existants. Cela clôt temporairement la dépression et fournit à l'entrepreneur une fois encore un marché. Il rouvre donc son entreprise et commence à produire à nouveau. Autrefois, cela engendrait une saine prospérité, puisqu'un nouveau démarrage de l'industrie requérait assez d'hommes pour une redistribution de l'argent, pour épargner au pauvre la charité, et pour accroître à nouveau le marché. Mais cette rémission est de moins en moins effective au fur et à mesure de l'avancée de la mécanisation, parce que ce nouveau départ de l'industrie et cette production illimitée de biens requièrent de moins en moins d'employés. Le nombre des chômeurs permanents augmente rapidement, et nous devons finalement faire face à la situation suivante : tout le labeur du monde peut être réalisé par une fraction de la population mondiale — les autres étant tout à fait superflus et ne disposant d'aucune activité qui pourrait leur assurer le gîte, le couvert et l'habillement. Le temps n'existe plus où il y avait toujours du travail pour les bonnes volontés. Les volontés sont là, mais tout ce qui devait être fait l'a été. Quelle que soit la taille de la population, il n'y a de travail que pour une partie de celle-ci, tant que ceux qui contrôlent la puissance et la mécanisation industrielle sont autorisés à définir leurs propres conditions de travail et à opérer selon le principe des dépenses minimum. Ceux qui ont de l'argent en auront de plus en plus. Les plus débrouillards des désargentés prendront les quelques jobs disponibles et recevront les salaires que les possédants voudront bien leur octroyer. Et le reste mourra de faim ou devra accepter la cha-

rité, avec une impatience croissante. Le résultat de cette conduite incontrôlée et sans frein est, inévitablement, la révolution sociale. Aucune horde importante d'individus ne peut endurer longtemps la privation si elle possède assez de force physique pour s'emparer de la nourriture, et lorsque la masse des affamés sera suffisamment imposante et désespérée, elle aura cette force et s'en servira. De là le communisme et le chaos. Cependant — les entrepreneurs savent ça comme personne, et chercheront sans aucun doute un compromis. Leur but est le profit ultime le plus élevé, et lorsqu'ils verront que l'économie à court terme réduit leur marché et met en danger tout le système qui leur donne leurs privilèges, ils comprendront que du bon travail nécessite moins d'économie au départ. Mieux vaut le haut de gamme, et un marché et un avenir plus assurés. Alors nous verrons la classe riche faire, à contrecœur, des concessions à la masse. Sachant que les gens ne peuvent acquérir de biens sans argent, ils emploieront davantage de gens sur moins d'heures avec l'idée que la plus grande part des salaires leur reviendra du fait de l'accroissement des marchés. Cela fonctionnera un temps, mais pas indéfiniment. L'extension de ces concessions volontaires, conditionnée par la perspective de gains palpables, ne suffira pas à assurer une activité durable à assez de gens pour éloigner la menace de révolution due à la privation. Si l'ordre social existant doit se maintenir, davantage d'argent doit être réparti d'une façon ou d'une autre, sans se préoccuper des principes habituels de profit. Des mesures socialistes comme celles déjà en vigueur en Angleterre — pensions de retraite et assurance chômage — appelées " indemnité " — seront aussi nécessaires que les voitures de pompiers pour l'incendie. Au fur et à mesure que le temps passera, le capital investi devra être de plus en plus " recraché " pour la survie. Il sera pénible aux ploutocrates de céder les surplus latents qui leur donnaient jusqu'alors la puissance politique absolue, mais ils agiront plutôt que de sacrifier l'ordre social qui leur permet au moins assez de profits pour vivre dans un luxe personnel et pour conserver les traditions de la civilisation. En outre, s'ils sont astucieux, ils pourront continuer à diriger de façon aussi absolue — puisqu'ils représentent les cerveaux les plus aiguisés, et qu'une majorité bien nourrie ne cherchera pas à les contrarier. La complexité de la politique de l'ère de la mécanisation est telle qu'elle échappe à la compréhension du profane ; même les masses arriveront à admettre ça et à être heureuses de ne pas s'en mêler. Nourries, vêtues, logées et diverties, elles seront contentes de laisser les problèmes gênants à ceux qui seront les mieux à même de les comprendre et de les traiter. Si l'évolution sociale avance ainsi sans explosion — comme ce sera sans doute le cas — il n'y aura pas lieu de se lamenter. Certes, toutes les choses familières et les relations humaines — voyage, logement, architecture, conditions de travail, organisation sociale et familiale, politique, etc... — auront tellement changé que la génération actuelle les trouvera déroutantes et dénuées de sens ; mais pour la génération future, ce sera familier et acceptable comme les situations originelles l'ont été pour les générations antérieures. Les disponibilités de toutes les classes pour les loisirs seront nécessairement — étant donné le peu de travail effectué — prodigieuses, et il est tout à fait possible que ce loisir obligé, combiné à l'effondrement du principe du profit et à son remplacement par une politique de production à seul but utilitaire, contribue à faire renaître les atmosphères, les perspectives, les codes et les formes d'art, aujourd'hui mourants, d'une aristocratie non commerçante parmi les classes dirigeantes. L'émergence progressive des meilleurs cerveaux de ces classes fera d'elles potentiellement une élite — tout en maintenant en même temps les masses dans un état de stupidité et de docilité. La renaissance progressive du vieil ordre social paternaliste — une aristocratie dominante et un prolétariat obéissant — par le biais de principes socialistes aujourd'hui décriés par les réactionnaires fortunés, constituera l'une des plus belles ironies de toute cette plaisanterie et de tout cet embrouillamini cosmiques que l'on appelle existence ! Mais cela ne pousse pas à l'optimisme pour autant. À peu près n'importe quel incident dérisoire peut contrarier toute cette évolution. Le moindre retard dans la résorption de la ploutocratie signifierait une révolution communiste. Une guerre mondiale au moyen d'inventions modernes serait synonyme de destructions mutuelles extrêmes, débouchant sur des révolutions fatales à la civilisation. Et en tout cas, la décadence mondiale généralisée rendra tôt ou tard le fardeau complexe de la civilisation trop lourd à porter pour la race, et il sera progessivement abandonné — (de même que les raffinements de la civilisation romaine ont progressivement disparu vers la fin) du simple fait que le jeu n'en vaudra plus la chandelle. Mais tout ceci est parfaitement naturel, et il n'y a pas lieu de le regretter. En tout cas, ce que j'espère pour l'Amérique durant les vingt-cinq, cinquante ou cent années à venir, c'est le dessaisissement progressif des groupes de riches des problèmes de surplus financiers, de conditions de travail, de profits immédiats et de supervision gouvernementale ; avec simultanément et en compensation la reconnaissance de la suprématie dirigeante de ceux-ci. Une révolution communiste est possible, mais j'imagine que les responsables financiers seront assez avisés pour ne pas laisser les choses aller plus loin. Une distribution des profits superflus serait un palliatif contre le chômage — et ainsi l'ordre général actuel des choses pourrait perdurer. Tout compte fait, cela vaut sans doute la peine de le conserver presque à n'importe quel prix ; au moins, pour les quelques siècles à venir. " (58)

Dans les années 1850, on pouvait lire :
" L'histoire sociale, morale et politique autant que matérielle de la race noire témoigne fortement contre elle : elle apporte la preuve formelle de son infériorité intellectuelle. Jamais [...] le véritable Noir ne s'est avéré

(58) Lettre à Miss Elizabeth Toldridge du 25.07. 1931.

capable de rejeter les chaînes de la barbarie et de la sauvagerie qui pèsent depuis longtemps sur les nations de sa race, ni de sortir de l'obscurantisme qui pèse toujours sur elles " [59]

Les esclaves noirs se virent affranchir en 1863, mais cette liberté fut loin d'être immédiatement effective. L'abolition de l'esclavage s'étala durant près d'un demi-siècle, faisant suite à un esclavage de plusieurs siècles. Mécontents de la mesure (et rancuniers), de la mesure, certains États décrétèrent l'interdiction de vote aux Noirs :

" Je suis aussi opposé au vote de Booker Washington, [60] *avec tout son bagage anglo-saxon, qu'à celui du petit Négro type, à la tête en noix de coco et à la peau couleur chocolat, Andy Dotson, qui cire mes chaussures tous les matins. Ils ne sont pas plus qualifiés l'un que l'autre pour s'acquitter de la fonction suprême du citoyen. "* [61]

Discours répandu à l'époque dans la sphère des Blancs. Déjà, en 1893, le *Manufacturers Record* de Baltimore avait publié une étude d'où il ressortait que, de l'avis des employeurs, les Noirs n'étaient pas utilisables dans l'industrie. [62]

" Dans plusieurs États, le Ku Klux Klan, [63] *société secrète, fit des ravages. Armés de fusils, d'épées, de sabres, ses adeptes patrouillaient nuit et jour certaines régions. Ils jouissaient du respect et du soutien de la communauté blanche. Leurs méthodes étaient l'intimidation, l'usage de la force, l'ostracisme dans le travail et dans la société, la fraude électorale, l'incendie volontaire et même l'assassinat. Priver les Noirs de l'égalité politique devint pour eux une croisade dont la noble fin justifiait le recours à n'importe quel moyen. Ils étaient tenus au secret par serment, ils se déguisaient et camouflaient leurs exactions de mille manières. "* [64]

Ce fut la loi du balancier. Après une difficile période, celle de l'après-guerre 1914-1918, les Noirs américains firent front, entraînés par leurs intellectuels. Ce n'était pas le Noir timoré et docile d'antan qui disait à présent : *" La prochaine fois que des Blancs s'en prendront à des Noirs, on verra tomber quelque chose : des cadavres de Blancs "*.

C'est dans ce contexte que se situe l'affaire de Scottsboro (Alabama) qui fit grand bruit aux États-Unis. Neuf Noirs, accusés d'avoir violé deux Blanches, furent arrêtés. Leur procès eut lieu en 1935. Lovecraft a

(59) George S. Sawyer, *Southern Institutes ; or, an Inquiry into the Original and Early Prevalence of Slavery and the Slave-Trade*, J.B. Lippincott & Co., Philadelphie, 1858.
(60) Ancien esclave devenu célèbre depuis qu'il dirigea l'Institut Tuskegee dans l'Alabama, où furent formés techniciens et instituteurs noirs.
(61) J.K. Vardaman, Gouverneur du Mississippi.
(62) John H. Franklin, *De l'esclavage à la liberté, Histoire des afro-américains*, Ed. Caribéennes, 1984.
(63) À la fin de la Première Guerre mondiale, le KKK avait présenté un vaste programme en vue de " rassembler les chrétiens blancs pour mener une action concertée afin d'assurer la sauvegarde des institutions américaines et la suprématie de la race blanche ".
(64) John H. Franklin, *De l'esclavage à la liberté, Histoire des afro-américains*, Ed. Caribéennes, 1984.

évoqué cette affaire ultérieurement. Nous y reviendrons donc. Pour l'heure, le discours de Lovecraft vis-à-vis de la population noire ne diffère guère de celui de ses concitoyens blancs de l'époque. Traînant derrière lui l'idée communément admise d'une " infériorité " du Noir, on ne peut que constater que Lovecraft n'a pas, c'est le moins que l'on puisse dire, fait figure de visionnaire pour se démarquer de l'image courante qui prévalait alors :

" *Aujourd'hui le piège le plus épineux dans le problème nègre est qu'il est réellement double. Le Noir est très inférieur. Cela ne fait aucun doute chez les biologistes contemporains qui ne donnent pas dans la sentimentalité — Européens célèbres pour lesquels le préjugé n'existe pas. Mais, il est également un fait que ce serait un très grave et très légitime problème même si le Nègre était égal au Blanc, pour la simple raison que deux races profondément différentes, qu'elles soient équivalentes ou non, ne peuvent coexister en paix sur le même territoire tant qu'elles ne se seront pas uniformément mélangées ou qu'elles ne se seront pas érigées en castes sociales se maintenant à distance de manière permanente et traditionnelle. Aucun être normal ne se sent à l'aise parmi une population qui possède des éléments radicalement différents de lui-même quant à l'aspect physique et aux réactions émotionnelles. Un Yankee normal se sent comme un poisson hors de l'eau parmi une foule de Japonais instruits, même s'il possède une supériorité mentale et artistique. [...] Reste à voir comment le Noir et sa noirceur peuvent, en définitive s'adapter à la structure américaine. Il se peut qu'une dictature économique future puisse élaborer un plan diplomatique d'allocation distincte par lequel les Noirs pourraient vivre une existence séparée de leur côté, en évitant les plus dures épreuves de l'infériorité par un nombre réduit de contacts avec les Blancs. [...] Personne ne leur souhaite intrinsèquement de mal, et tout le monde se réjouirait si on trouvait le moyen d'aplanir les difficultés sans mettre en péril la structure dominante. Il est un fait, cependant, que les sentimentalistes exagèrent les malheurs du Noir moyen. Des millions d'entre eux se satisferaient tout à fait d'un statut servile si un bon traitement physique et des distractions pouvaient leur être assurés, et ils pourraient ainsi constituer une paysannerie bien encadrée. Le seul problème concerne ceux de la quatrième génération et leur progéniture — et ceux qui sont encore moins foncés. C'est là une regrettable tragédie, mais il faut leur trouver un statut particulier. Ce que nous pouvons faire est de décourager leur accroissement en condamnant le plus sévèrement possible les coutumes et les attitudes laxistes — particulièrement dans le Sud profond — qui encouragent à l'heure actuelle ce phénomène lamentable et dégoûtant. Tout bien pesé, je pense que l'Américain moderne est assez bien averti*

*contre la bâtardisation raciale et culturelle. Il y aura beaucoup de dé-
térioration, mais le Nordique a une chance, en combattant, d'en sortir
finalement vainqueur.* " (65)

Qu'ajouter aux explications alambiquées et fumeuses concernant les
" types sombres " et les types nordiques ?

" *En ce qui concerne l'atavisme et la mémoire raciale — les deux sont nettement distincts. Indéniablement, l'hérédité peut reproduire, à l'occasion,
une structure physique et peut-être mentale après un trou de quelques générations (leur nombre reste encore à débattre) mais la reproduction
d'images mentales acquises par cette structure est quelque chose de complètement différent — et probablement d'impossible. La plus grande partie
de l'atavisme consiste en la reproduction du tempérament global et d'un
ensemble d'inclinations. En ce qui concerne l'hérédité en général — il est
curieux de constater comme un courant sombre se développe de façon per-
sistante parmi un groupe blond, alors que ce même courant blond est complètement perdu dans un courant sombre. Cela prouve que le type sombre
est de loin le plus basique et le plus courant de l'espèce, et que le Nordique
est le fruit d'une spécialisation subtile et exceptionnelle — dont les résultats
sont mal installés dans la race, et toujours prêts à être supplantés par une
influence qui favoriserait l'arrangement originel. Les traits faciaux, je
pense, sont plus malléables — plus affectés par les modifications climati-
ques et culturelles — que la pigmentation et les proportions du squelette.
C'est assez naturel, puisque les contours de la peau, de la graisse, des nerfs
et des muscles, dépendent largement de la température, de l'humidité, de la
respiration, de la nourriture, et de l'expérience personnelle à la fois objective et émotionnelle. C'est probablement pourquoi les descendants d'immigrants étrangers des deuxième et troisième générations ont un aspect facial
moins barbare et moins aberrant que leurs ancêtres européens.* " (66)

Le texte qui suit traduit bien l'état d'esprit des Blancs d'alors envers les
Noirs.

" *En ce qui concerne le problème noir — je pense que le mariage mixte
doit être banni au vu du grand nombre de Noirs déjà dans le pays. Le
métissage illicite par les mâles blancs est également nuisible, le Ciel le
sait — mais au moins le rejeton hybride est maintenu au-delà d'une barrière de couleur définie et empêché de contaminer le groupe principal.
Il ne peut rien sortir d'autre du mélange des Noirs et des Blancs que la
douleur et le désastre, et la loi doit aider à contrôler cette criminelle folie. Une fois accordés au Nègre ses pleins droits, ce n'est pas pour autant qu'il constitue un matériau susceptible de se mélanger avec succès
dans la fabrication d'une nation caucasienne civilisée. Des cas isolés
d'hybrides de grande valeur ne prouvent rien. Il est facile de voir que le
résultat final de cette pollution de masse appauvrirait le sang. C'est ar-*

(65) Lettre à James F. Morton de janvier 1931.
(66) Lettre à Robert E. Howard du 12.09.1931.

rivé dans l'Égypte ancienne — et cela a créé une race de fellahs indolents qui n'ont plus rien à voir avec ce qui fut jadis un noble groupe ethnique. " [67]

Enfin, il convient d'examiner ce texte, [68] de cette même année 1931, sur un tout autre sujet : la censure.
*" La censure telle qu'elle est appliquée actuellement est une plaisanterie et une nuisance publique secondaire — en touchant comme elle le fait des livres standard que la populace impressionnable ne lit jamais, et qu'elle ne comprendrait pas si elle le faisait. Cependant, ça ne vaut rien de s'exciter violemment dessus — tout comme, à l'opposé, sur la liberté d'expression. Les libéraux qui gaspillent leur temps et leur énergie en tempêtant après les fous de Boston et d'ailleurs qui veulent empêcher la vente de classiques indispensables sont eux-mêmes, à un moindre degré, des fous, quand on sait que l'homme d'esprit qui a des ressources peut acheter un livre en secret ou dans une autre ville s'il ne peut le faire ouvertement chez lui. Aucune loi de censure n'a jamais empêché un savant de haut niveau de lire et de posséder tous les livres dont il a besoin — les Bostoniens comme Dreiser et Lawrence, [69] et les Tennesséens comprennent les principes de la biologie — et peu importe que la populace lise ces choses ou non. En fait, le type courant de censure ignorante des derniers Victoriens et des escrocs catholiques irlandais constitue un avantage pratique malgré l'absurdité du principe et l'infantilisme de la psychologie qui le sous-tend — car ce qu'elle fait, c'est maintenir tout un tas d'émanations d'égout tout à fait futiles et banales à distance des kiosques bon marché tout en ayant très peu d'effet sur les achats et les études des hommes de goût. On peut lui être grandement reconnaissant de nous débarrasser de la laide pornographie sans valeur qui pourrait autrement jeter le trouble chez les marchands de journaux bas de gamme — et par l'intermédiaire d'une loi qui n'interdit pas aux érudits de posséder leur exemplaire de l'*Ars Amatoria *d'Ovide, du *Décaméron, *de l'*AncienTestament et de *Candide. *Les seules véritables difficultés, relatives à ce sujet, ont surgi, par exemple, lorsque les andouilles effarouchées tripoteuses de chapelets de la bureaucratie de Providence et de Boston ont, il y a quelques mois, interdit *Strange Interlude *d'Eugene O'Neill. [70] *Il faut croire que ce n'était pas si mauvais — car la pièce fut montée à Quincey, dans le Massachusetts, où se rendirent tous les Providenciens (je n'en étais pas) et tous les Bostoniens sérieux qui prirent le peine de s'asseoir en attendant durant cinq ou six heures la fin du monotone enquiquinement. [71] Hum ! La vie*

(67) Lettre à J. Vernon Shea du 30.07.1933.
(68) Lettre à Maurice W. Moe du 18.01. 1931.
(69) Theodore Dreiser, romancier américain (1871-1945) ; David H. Lawrence, célèbre poète, romancier et essayiste anglais (1885-1930).
(70) Eugene Gladstone O'Neill, auteur dramatique américain (1888-1953). Sa pièce *L'Étrange Intermède* (*Strange Interlude*, 1928) ne compte pas moins de neuf actes.
(71) HPL a utilisé le mot latin *taedium*.

est d'un ennui ! Et je ne crois pas que ceux qui parlent franc soient plus ennuyeux que les censeurs au crâne creux ! C'est pourquoi je me tire pour la cinquième dimension et pour les galaxies au-delà des limites de l'espace-temps einsteinien — pour échapper à l'ennui intense auquel tous les échelons de l'existence objective, fléchisseurs ou extenseurs de l'esprit, apollonienne ou dionysiaque, conduisent au bout du compte. Au diable les primates mammifères — je suis sûr que les articulés y verront sacrément plus clair lorsqu'ils hériteront de la planète vieillissante et qu'ils nous donneront l'allure que nous conférions aux dinosaures ! La première civilisation intelligente de cette planète sera vraisemblablement celle des fourmis, des coléoptères, des pucerons, des mouches ou des moustiques. " (72)

Pour Lovecraft, un peu de censure ne fait pas de mal à la masse, tant que l'élite n'est pas touchée…

L'ANNÉE 1932

Le texte qui suit montre l'inquiétude du peuple américain, ce qui donne à Lovecraft l'occasion d'une de ces pages de prospective dont il est coutumier :

" Le danger de la révolution sociale s'accroît en même temps que la souffrance du peuple. […] Cela est à relier au développement lent et mou du mode de répartition des richesses — basé sur sa propre opportunité : selon ce critère, aucun de ceux qui souffrent n'en bénéficie. Cela conduira au développement d'une classe pauvre nombreuse — continuellement inemployée et inemployable — dangereuse pour l'équilibre public, et rendra indispensable, au plan national, la planification d'emplois rémunérés, artificiellement saupoudrés, et une compensation pour ceux qui ne pourront pas en profiter. Dans le même temps, la menace d'une révolution populaire donnera vraisemblablement lieu à la création d'un salaire minimum assurant un confort de base au travailleur non qualifié, jusqu'alors durement traité. On peut trouver l'illustration de telles concessions dans l'incident de l'agitation des soldats du " Bonus " (73)*. Là, nous avons un groupe particulier à la quête d'un privilège, sous la forme d'un secours, et qui se livre sur une grande échelle à une intimidation à la fois physique et politique. Alors que tous les économistes jugent la mesure mal fondée, il est probable qu'elle va être finalement adoptée — particulièrement à la suite de l'action de l'American Legion lors de sa récente convention (entre parenthèses, le responsable de la Poste de Providence s'est vu rayé de la Legion parce qu'il avait, l'an passé, retourné sa veste, politiquement parlant, et violé*

---

(72) Pour " fourmis ", " mouches " et " moustiques ", HPL utilise respectivement les mots latins *formicarine, muscidae* et *culicidae.*
(73) Voir *infra.*

la clause d'apolitisme en usage dans sa profession). Cet incident est probablement un très bon exemple de la manière dont une pression pourra s'exercer sur les détenteurs des richesses nationales pour les contraindre à se montrer plus généreux. Bien que les conservateurs y soient âprement opposés, ce principe de vol légalisé est probablement une soupape de sécurité valable pour éviter un déséquilibre économiquement trop important. Sans ce secours fourni par des vols légaux, nous devrions éventuellement, à l'instar des révolutions française et russe, supporter d'autres vols non légalisés. Des blocs similaires et des groupements menaçants, composés de travailleurs et d'autres victimes économiques, obligeraient probablement le gouvernement en place à prendre des mesures impératives autant qu'artificielles pour régler les conditions de travail (horaires allégés, diminution du nombre de journées travaillées, instauration d'un salaire minimum, accroissement du personnel), assurance chômage, pensions de retraite, et autres. Les industries cèderaient à la suite du gouvernement, pour ne pas risquer un effondrement économique et social total si elles ne le faisaient pas. Leur motivation pour se monter généreuses serait la même qui, auparavant, les poussait à accaparer les richesses — le simple désir de survivre dans les meilleures conditions possibles. Les loups se mangent entre eux, comme toujours dans la vie. Chacun attrape ce qu'il peut, et le plus fort gagne. Une répartition équitable implique simplement un meilleur équilibre des forces entre des facteurs adverses. Pour compenser la nécessité de réduction des profits, les grandes compagnies combineront et coordonneront probablement leurs efforts plus intensément qu'aujourd'hui, afin d'éviter le gâchis d'usines faisant double emploi et de surplus inutilisables. Quelque chose qui ressemblera approximativement à l'" économie planifiée " des Soviets sera adopté par les industriels des nations les plus capitalistes. L'agriculture deviendra certainement une corporation — avec des terres détenues sur une grande échelle par de grandes organisations, composées d'employés bénéficiant des avantages de lois de salaire minimum, d'assurance chômage, de loisirs réguliers, et autres. Ces mesures seront d'ailleurs certainement touchées par la corruption. Comme autrefois, les officiels toucheront des pots-de-vin, et des cas individuels difficiles se présenteront. Mais il serait fou de déclarer que la plupart des gens vivront aussi mal qu'avant, alors qu'existeront autant de garanties formelles et indiscutables de répartition des richesses. La modification de la norme légale provoquera une modification des fondations dont la corruption tire sa substance ; et ce qui restera après que la corruption aura prélevé sa part profitera bien davantage aux masses que son équivalent actuel. Cela s'accompagnera bien sûr d'une évolution générale dans l'idéologie instinctive du peuple (comme pour ce qui a déjà été accompli en matière d'assainissement des taudis ou d'aides municipales) ; ainsi ne pourra-t-on plus permettre aux industries d'abaisser les conditions de vie en dessous d'un certain niveau. De tels changements dans des présupposés aussi fondamentaux sont lents à venir, mais une fois qu'ils sont réalisés, leur potentiel est considérable. Par exemple — quel État envisagerait aujourd'hui de tolérer les punitions cruelles et barbares d'il y a deux siècles et plus — oreilles coupées, marquage au fer rouge, estrapade et écartèlement, supplice de la roue, bûcher, etc... ? Cette évolution implique un réajustement de la psychologie publique (mais non, bien sûr, une modification de l'instinct humain proprement dit) qui crée tout un lot d'inhibitions inconscientes et de pulsions spontanées entièrement nouvelles. De similaires — ou plutôt semblables — réajustements de la psychologie publique apparaissent dans le domaine des rapports économiques, avec probablement pour résultat l'établissement d'un état d'esprit général dans lequel on ne pourra pas tenter de priver des pans entiers de la communauté d'une sécurité légalement assurée qui nous paraît aujourd'hui artificielle, mais sera seulement, pour les générations à venir, un fait naturel et inévitable dans une société organisée. La Russie est un excellent exemple d'idéologie instinctive altérée — bien que cette altération aille trop loin, et soit obtenue à un coût tragiquement élevé, pour pouvoir être recommandée au monde occidental. Tout cela explique pourquoi je doute autant de la validité du pessimisme dogmatique que de l'optimisme dogmatique. Ce que j'ai résumé décrit certainement une probable — ou peut-être devrais-je dire seulement possible — tournure des événements ; mais cette prédiction possède des bases, et est soutenue par de nombreux observateurs apparemment dotés de bon sens, et je ne pense pas que l'on puisse l'écarter sommairement en tant qu'avenir concevable. " [74]

Dans ce texte, Lovecraft évoque " l'agitation de soldats du Bonus ". De quoi s'agit-il ? " L'armée du Bonus " était constituée d'un groupe de combattants de la Première Guerre mondiale, qui, venant de la région de Portland, décida une marche sur Washington pour obtenir du Congrès le paiement immédiat d'une prime, le " Bonus ", qui leur avait été promis pour 1945. [75] L'idée remporta un certain succès et plus de 20.000 hommes s'installèrent au printemps 1932 dans la capitale fédérale. Après le rejet par le Sénat de la proposition de loi votée par la Chambre, la moitié des manifestants quitta la ville, les autres, des chômeurs désespérés, s'installèrent et campèrent près d'Anacostia. Le 28 juillet, des incidents éclatèrent.

" *Le chef d'État-Major, le général Douglas MacArthur, décida, sans en référer au Président* [Hoover], *de chasser ces malheureux du District de Columbia, persuadé qu'il était de la menace révolutionnaire qu'ils faisaient peser.* [76] "

<hr>

(74) Lettre à Robert E. Howard du 3, 5 et 7.02.1932.
(75) Et qu'ils ne touchèrent effectivement que cette année-là.
(76) P. Melandi, Jacques Portes, *Histoire intérieure des États-Unis au XIX*[ème] *siècle*, Masson, 1991.

Lovecraft fait part de son avis sur ces graves incidents :

" *Au sujet de l'armée du " Bonus " et de sa dispersion — beaucoup de personnes dans l'Est, particulièrement ceux qui ont assisté à la première réunion à Washington, semblent penser que cela n'aurait pas pu prendre un cours différent [...]. L'idée d'une marche sur la capitale pour influencer le pouvoir législatif est au mieux une idée folle et au pire une idée dangereusement révolutionnaire. Cela ne pouvait pas se terminer autrement. Certes, on ne peut qu'éprouver de la sympathie pour les " marcheurs " eux-mêmes, car ils étaient pour la plupart d'entre eux véritablement dans le besoin, souvent ignorants et facilement influençables. Ce sont les démagogues qui encouragèrent ces manifestations, de toute évidence inefficaces et potentiellement dangereuses, qu'il faut blâmer en premier lieu. Mais le point important est que personne n'a voulu de mal aux manifestants à aucun stade des événements. La force n'a été employée que lorsqu'ils ont risqué de devenir une menace. La question du Bonus est en elle-même plus délicate, et provoque beaucoup de controverses. Aucune dette véritable n'existe au sens légal du terme, et dans le cas des " vétérans " qui n'ont pas servi en France, il est problématique de savoir si la promesse leur a été faite. D'un autre côté, on a tellement demandé à ceux qui ont servi qu'une compensation ou un traitement préférentiel serait une bonne chose. Le problème est de savoir si accorder une faveur particulière en cette période particulière est quelque chose de souhaitable. Si un quelconque ordre de priorité doit être adopté dans l'aide aux nécessiteux, les vétérans authentiques doivent certainement passer en premier — mais l'attribution arbitraire de certaines sommes aux seuls vétérans, que ce soit à ceux qui sont solvables aussi bien qu'à ceux dans le besoin, fait débat de plusieurs points de vue. Je connais beaucoup de personnes, à la fois vétérans de guerre et financièrement très limitées, qui sont tout à fait contre cette mesure — comme l'est, je crois, l'*American Legion *en tant qu'organisation. Il est extrêmement difficile pour le profane d'avoir une opinion éclairée sur le sujet. Je penche moi-même tantôt d'un côté, tantôt de l'autre. La promulgation d'une telle mesure sous la pression populaire pourrait constituer l'amorce du futur coup de boutoir indispensable pour briser la résistance conservatrice aux programmes d'aide fédéraux en général. D'un autre côté, ce pourrait être le signal de nouvelles clameurs plus irrationnelles pour l'obtention de privilèges spéciaux, de la part de groupes et d'intérêts divers. On verrait peut-être des campagnes d'intimidation en faveurs d'un " Bonus des fermiers " ou d'un " Bonus des chaudronniers ". Ce pourrait également créer un précédent quant à l'organisation systématique de rassemblements populistes accompagnés de menaces physiques contre les législateurs. Seuls les historiens pourront, plus tard, rendre un verdict véritablement impartial. "* (77)

(77) Lettre à Robert E. Howard du 16.08.1932.

Ces tribulations ne profitèrent évidemment pas au président Herbert Hoover, qui paya le prix fort pour avoir eu la malchance d'exercer son mandat durant la Dépression. Herbert Hoover fut battu, lors de l'élection de 1932, par le démocrate Franklin Delano Roosevelt (qui exercera trois autres mandats). Un challenger s'était joint aux deux hommes pour cette élection, le Socialiste Norman Thomas (le Parti Socialiste avait vu le jour sous le mandat de Grover Cleveland, en 1892, où il était apparu comme la troisième force politique du pays). Résultat du scrutin de 1932 : Roosevelt : 22,8 millions de voix, Hoover, 14 millions et Thomas : 900.000. Commentaire de Lovecraft :

" *Un vote pour* [Norman] *Thomas aurait tout simplement été un gâchis [...] encore que, dans ce cas, ça n'aurait rien changé aux résultats. Quand il y a deux candidats principaux en lice, avec une différence réelle entre les deux, il n'est jamais sage de voter pour un troisième candidat désespérément mineur, même si vous l'appréciez davantage que les autres grands garçons. Si les électeurs sont trop nombreux à le faire, cela peut conduire à l'élection du candidat principal qu'ils veulent le moins. Le bon sens nous dicte que les types de grande envergure sont les seuls gagnants possibles. Si vous pensez que l'un est mieux que les autres, votez pour lui — c'est le meilleur que vous aurez jamais la chance d'avoir. Dans le contexte actuel, Roosevelt était sans aucun doute préférable à Hoover, et Thomas était probablement plus près des réalités que les autres — mais une grande partie du programme de Thomas n'était pas judicieuse. Donner un grand pouvoir de décision au peuple est désespérément fou et désastreux. Il faut trouver le moyen d'organiser une nouvelle distribution des ressources — maintenant que la mécanisation intensive a renversé l'ancien ordre économique — sans retirer la machine gouvernementale de mains expérimentées.* " [78]
On peut penser à la lecture de ce texte que Lovecraft a voté — s'il a voté — pour Roosevelt. Une lettre ultérieure (à Robert E. Howard) nous confirmera la tendance démocrate lovecraftienne qui se fait jour.

Durant l'hiver 1932-1933, Roosevelt agit sur la Constitution, en vigueur depuis 1789 et qui avait institué un long intervalle entre l'élection d'un Président, début novembre, et son entrée en fonction, en mars suivant. Dispositions particulièrement dommageables en cette période de crise. Roosevelt obtint que dès 1933 ce délai soit réduit et permette l'entrée en fonction le 21 janvier suivant l'élection. [79] Lovecraft approuve Roosevelt :
" *Au sujet de la Constitution — tout ce qu'on peut se demander est si notre révérée Vache Sacrée de 1789, écrite avant que nos conditions économiques et sociales actuelles soient même rêvées, interfère ou pas avec la tâche rude et nécessaire de créer un ordre économique capable*

(78) Lettre à J. Vernon Shea du 22.12.1932.
(79) Roosevelt n'en profitera qu'à partir de 1937.

de faire gagner sa vie à chacun. Si elle n'interfère pas avec cette tâche, laissons-la. Elle comporte des points positifs, autant que des points qui n'ont plus cours et sont donc obsolètes. Mais si elle interfère avec cette tâche — une tâche nécessitant sans aucun doute quelques contrôles gouvernementaux sur des activités non prévues en 1789 — la seule chose à faire est alors de l'ignorer ou de l'amender. Il est plus important de restaurer le pouvoir d'achat du peuple que de suivre littéralement des préceptes obsolètes écrits il y a 145 ans au milieu d'un monde aujourd'hui envolé. Si la Constitution doit être de quelque utilité, elle doit également s'adapter à l'époque. Amender sur certains points le vieux document ne signifie pas détruire l'esprit selon lequel il a été conçu.
Face à ça, le gouvernement a mené un sacré combat. Chaque pas en avant pour plus d'équité et d'ordre sera certainement combattu becs et ongles par les intérêts égoïstes et aveugles du vieil ordre déclinant, de sorte que toute modification ne pourra se faire que lentement. De plus, il y a toujours les protestations bien intentionnées des individualistes qui supportent mal la régulation nécessaire à la restauration de perspectives pour la population toute entière. Ces derniers ne semblent pas réaliser que le contrôle gouvernemental ne détruit pas l'opportunité, mais rétablit plutôt celle antérieurement détruite par d'autres forces. La politique du laissez-faire signifie simplement le contrôle caché par les grands intérêts industriels et financiers. [...] C'est la seule voie souhaitable pour bénéficier d'un peu de véritable liberté [...] la liberté de vivre et de penser à l'abri de la misère et de la souffrance imminentes, et hors de la prison de la surexploitation paralysante. Mais quel boulot ! Lorsque le nouveau système l'aura emporté, viendra le problème de comment le rendre pérenne — et là, à nouveau, ce seront le trouble, les disputes et l'indécision. " [80]

L'ANNÉE 1933

En mars, il y avait treize millions de chômeurs, et presque toutes les banques étaient fermées. Durant ses premiers " cent jours ", Franklin D. Roosevelt proposa un large programme, approuvé par le Congrès, de redressement des affaires et de l'agriculture, d'aide à l'emploi et à ceux qui risquaient de perdre leurs fermes et leurs maisons, et une réforme par la mise en place de la *Tennessee Valley Authority*. Ce programme réussit en grande partie.
Si Lovecraft a voté pour Roosevelt, cela ne signifie en tout cas nullement qu'il est devenu un " radical " :
" *Qu'est donc au juste la " liberté " farouche et sans contrainte que nos modernes radicaux réclament à grands cris ? Qu'est-ce qu'ils veulent faire qu'ils ne peuvent pas faire ? Je suis curieux de le savoir, car ils ne*

(80) Lettre à Robert E. Howard des 3-7-8.04.1934.

paraissent jamais formuler la moindre idée claire. Je ne vois pas beaucoup de gens honnêtes et de bonne volonté " assis dans des donjons les fers aux pieds ", et je ne vois pas non plus dans la vie variée et active de l'homme moderne quelque chose qui ressemblerait à une émasculation ou une transformation en cobayes [...]. Que veulent donc nos " âmes libres " ? Se promener en bicyclette sur les trottoirs, ignorer les feux de signalisation et entrer en collision avec d'autres voitures, écouter la radio à trois heures du matin, tirer sur les gens et les découper pour le plaisir, et quoi d'autre ? S'ils méprisent les artistes qui barbouillent les toiles et les scientifiques qui recherchent la vérité, que ne méprisent-ils donc pas ? Considèrent-ils avec sympathie l'idée de courir fous furieux dans les rues, armés de pistolets automatiques, de mettre le feu aux maisons à leur guise, de planter leurs tentes au milieu des rues, ou quoi diable d'autre ? Je n'ai jamais vu personne que je puisse imaginer agir d'une manière différente de celle qui est effectivement la sienne sans la moindre intervention de quiconque — et déjà la moitié de notre jeune " intelligentsia " s'époumone quant à une " liberté " mystique qu'ils imaginent exister quelque part au pays de Cocagne [81] *"*.

Peut-être doit-on voir, dans cette charge contre les défenseurs de la liberté à tout prix, la reconnaissance par Lovecraft du fait qu'un projet économiste dirigiste, indispensable à ses yeux, demandera quelques sacrifices du côté de la liberté ?

En 1931, nous l'avons vu :

" Neuf jeunes Noirs, dont le benjamin n'avait que treize ans, avaient été interpellés et incarcérés à Scottsboro, dans l'Alabama, puis condamnés à mort pour avoir violé deux Blanches dans un train de marchandises. Après un accrochage avec les avocats de la NAACP, [82] *ceux de l'ILD et le parti communiste portèrent l'affaire sur la scène internationale. La Cour suprême ordonna que l'affaire soit rejugée lorsque la preuve fut apportée que les défenseurs n'avaient pas été correctement assistés. À l'issue du nouveau procès, les accusés de Scottsboro* [83] *furent condamnés à des peines allant jusqu'à trente-neuf ans de prison. "* [84] Deux lettres de Lovecraft traitent de ce fait divers dramatique. Dans la première, il fait allusion à la " récupération " des faits par les radicaux.

" En ce qui concerne l'affaire de Scottsboro — il me semble que les idéalistes et les négrophiles sont un peu rapides à s'exciter à son sujet. Personne ne veut naturellement tuer les pauvres Noirs à moins qu'ils ne soient coupables — en tout cas personne dont nous ayons à tenir

---

(81) Lettre à Robert E. Howard des 25-28 et 29.03.1933.
(82) *National Association for the Advancement of Colored People.* Association fondée en 1909 pour assurer le respect des droits de la population de couleur. ILD : *International Labor Defense* (Association Internationale pour la Défense des travailleurs).
(83) Le dernier des condamnés fut relâché en 1950.
(84) John H. Franklin, *De l'esclavage à la liberté, Histoire des afro-américains*, Éditions Caribéennes, 1984.

compte — mais il ne me semble pas que leur innocence soit probable. Il ne s'agit pas d'une affaire de lynchage de bas étage. Un tribunal très correct a jugé ce cas — et si les coupables avaient été de simples Blancs, qui ne seraient pas parvenus à exciter la sympathie des éléments radicaux, il n'y aurait pas eu tant d'agitation autour de cette affaire. Le fait que les victimes étaient des jeunes filles de basse condition n'a aucune importance pour autant que leur crédibilité soit fiable. Et aussi loin que leur histoire résonnera, il me semble bien que leur premier récit a plus de chance d'être vrai que le second, différent du premier et que les radicaux de la défense se sont clairement accaparé. Cependant, au vu du manque de témoignages corroborant celui des femmes, il serait pertinent de ne pas exécuter les Noirs. Je pense que leur conviction doit être soutenue, mais que la sentence doit être commuée en emprisonnement à perpétuité — de préférence dans une prison éloignée où aucune violence de masse ne sera à craindre. Et si aucune preuve ne témoigne en leur faveur, il ne sera pas trop tard pour rectifier l'erreur qui aurait pu être faite [85] *"*.

Dans la seconde lettre, écrite au moment du second procès, Lovecraft insiste sur ce que doit être l'impartialité de la justice, mais bien que démocrate de fraîche date, ne peut s'empêcher d'ajouter que " *l'exécution des coons* [86] *n'a aucune importance* " et de prêcher derechef pour un régime fasciste, ou tout au moins fascisant :

" *En ce qui concerne la prétendue affaire de Scottsboro — il semble que la défense ait possédé quelques arguments (encore que je ne vois pas en quoi le fait, pour un nègre, d'être atteint de la syphilis ou de la blennorragie a à voir là-dedans — cela ne supprime pas, pour autant que je sache, la propension au viol) [...], mais tout cela devait être bien connu des jurés qui, après mûres réflexions, ont penché pour la culpabilité. Il ne me paraît pas naturel que des hommes de bonne foi aient tranquillement condamné à mort des nègres, s'ils n'avaient pas été fermement convaincus de leur culpabilité. Nous ne devons pas oublier que ces recueils de plaidoiries sont compilés et présentés de manière tendancieuse par des radicaux professionnels et des idéalistes jouant sur l'émotion — encore que, bien sûr, la déformation et la dramatisation se rencontrent aussi de l'autre bord. Il serait certainement préférable que tous les procès concernant un préjudice local soient jugés en Cour fédérale avec des gens originaires de toutes les régions — en évitant non seulement les sections où il y a un préjugé contre les inculpés, mais aussi celles où le préjugé est en leur faveur. Par exemple — aucun jury de radicaux juifs de New York ne devrait pouvoir juger un homme accusé de crimes sociaux contre la loi et l'ordre [...] car ces bâtards acquitteraient une brute qui a abattu des douzaines d'innocents s'ils pen-*

(85) Lettre à J. Vernon Shea du 29.05.1933.
(86) Terme raciste désignant les Noirs.

saient qu'il l'avait fait " pour la révolution sociale ". Je ne sais pas ce qui sortira de cette cause célèbre [87] *— peut-être une commutation de la sentence se produira-t-elle au dernier moment. Toutefois, ces damnés coons sont probablement d'assez peu reluisants spécimens, ce qui fait qu'indépendamment de ce dont il a été question auparavant, qu'ils soient exécutés ou non a bien peu d'importance. Il est curieux d'analyser le système de valeurs qui, en l'absence de croyances religieuses, attache une importance excessive au caractère sacré de l'existence humaine en elle-même, ainsi qu'aux abstractions joliment tournées de " justice " et autres illusions ou concepts esthétiques de même nature. Il y a certes un côté artistique de l'affaire — la cruauté inutile étant vulgaire par essence — mais je soupçonne la plus grande partie de l'exigence pleurnicharde et hystérique de justice émise par les radicaux et autres idéalistes d'être tout simplement un résidu émotionnel de la religion. Ma propre politique serait de sauvegarder la vie humaine et l'ornement esthétique dénommé " justice " autant qu'il serait compatible avec les nécessités sociales et culturelles plus importantes, tels la sécurité raciale et nationale, le maintien des standards intellectuels et artistiques, le bien-être des gens d'essence supérieure, etc... La cruauté et l'injustice gratuites sont véritablement grossières — mais il est fou de laisser un humanitarisme excessif interférer avec les intérêts supérieurs du groupe et de son développement. Il y a quelque chose de creux et de " féminin " dans la position de l'idéaliste extrémiste. Ce dont nous avons besoin, c'est de raison, de réalisme, de modération, et de sens de la proportion. [...] Le seul véritable remède est un gouvernement fasciste hautement centralisé, administré par des hommes spécialement formés — élus à leur tour par des personnes ayant subi de sévères tests d'intelligence et une série d'examens spécifiques sur des sujets de politique, d'économie, d'administration, et de culture générale. "* [88]

L'ANNÉE 1934

Lovecraft fait son mea culpa.

" J'ai été un réactionnaire borné avant les événements qui m'ont obligé à réfléchir — vraiment à réfléchir — à l'ordre politico-économico-industriel et à son inévitable évolution ; mais j'ai maintenant réalisé que l'application généralisée de la mécanisation à l'industrie avait totalement détruit les anciens rapports entre les individus et la quantité globale de travail à effectuer — de sorte que le laissez-faire capitaliste se trouve sans aucun doute au bout du rouleau. Il n'y a absolument aucun moyen pour que, sous l'ordre ancien, davantage qu'une faible fraction de la population désœuvrée puisse à nouveau (même dans la plus

(87) En français dans le texte.
(88) Lettre à J. Vernon Shea du 4.02.1934.

grande prospérité commerciale) trouver du travail — puisque, grâce à la machine, tout le travail du monde (même avec l'apparition de nou-velles demandes comme celles sur lesquelles s'extasient les réaction-naires aveuglés) peut être effectué par un nombre relativement limité de personnes. Aussi longtemps que le vieux laissez-faire perdurera, il ne sera plus jamais possible pour une personne d'être assuré d'avoir une chance de gagner sa vie, toute travailleuse et disponible qu'elle soit. Il y aura toujours des millions (littéralement) d'hommes capables, dispo-nibles et respectueux des lois, qui ne trouveront pas de travail, et pour lesquels les seuls termes de l'alternative dans le système actuel seront la charité ou la famine. Il n'y a rien à dire contre ça. Ce ne sont pas seu-lement les radicaux de l'étranger qui reconnaissent cet état de fait, mais aussi les meilleurs et les plus sérieux penseurs américains, tels John Dewey, Stuart Chase, Glenn Frank, Gifford Pinchot [89]*, le Président Roosevelt, etc... On peut dire pratiquement de façon dogmatique qu'il faut faire quelque chose. Le vieux système — et même la vieille " pros-périté " des affaires (pour quelques-uns, alors que les autres crèvent de faim) ne mène absolument nulle part excepté à une souffrance certaine qui conduira à une révolution violente et désastreuse [...], de sorte qu'aujourd'hui les pires incendiaires sont les Républicains avides de la vieille école qui combattent le New Deal par des slogans aberrants et cherchent à installer la famine pour accroître leurs profits (et le nombre de leurs yachts pour les plus rusés et les plus chanceux). Seuls, les ra-paces aveugles et les parasites du commerce privé irresponsable sont aujourd'hui suffisamment dupes pour imaginer que le vieil ordre pourra continuer à fonctionner. La véritable question n'est pas de se demander s'il faut faire quelque chose, mais ce qu'il faut faire.*

Et là, évidemment, les opinions personnelles diffèrent. Sonny Belknap [90] *et d'autres dupes des idées européennes veulent un boule-versement général et une nouvelle " idéologie " — un ensemble complet et nouveau de valeurs culturelles. C'est, à mon sens, inefficace et désas-treux, puisque toutes les véritables valeurs de la vie proviennent de la continuité culturelle. Je crois que le futur doit être la suite logique et progressive du passé — sans aucun renversement culturel, et avec seu-lement quelques modifications économiques pour restaurer à l'Américain moyen la capacité d'échanger ses services contre ce qui est nécessaire à la vie. Je suis en cela complètement opposé au commu-nisme et à tout ce qui peut dériver des pseudo-sciences décevantes de Marx et de Lénine. D'un autre côté, je réalise que cette analyse a révélé la nécessité d'adopter plusieurs attitudes que, dans notre ignorance suf-fisante d'hier, nous avons ridiculisées et contrées en tant que socia-listes. Nous savons aujourd'hui que le laissez-faire économique ne per-*

(89) John Dewey, philosophe & pédagogue américain (1859-1952) ; Stuart Chase, éco-nomiste américain (1888-1985) ; Glenn Frank, éducateur, éditeur et homme politique américain (1887-1940) ; Gifford Pinchot, homme politique américain, grand défenseur de l'environnement (1865-1946).
(90) Frank Belknap Long, ami et correspondant de Lovecraft.

mettra pas de nourrir l'ensemble de la population sous le régime de l'ère de la mécanisation, qu'un travail pour chacun n'existe plus naturellement depuis longtemps, et qu'un système artificiel (aux dépens des profits de l'industrie privée) doit être adopté pour prévenir la paupérisation et la révolution générales. Cela signifie une régulation gouvernementale stricte, sur une grande échelle, de l'industrie et du commerce, la réglementation des heures de travail et des salaires, la création de pensions de retraite et d'une assurance chômage — et d'autres mesures qui feront hurler les pirates affairistes de la vieille école. Nous devons mettre ces choses en place, ou nous sauterons tous, et il est tout bonnement frivole et aberrant de se plaindre (comme le font les dupes de l'ancienne école) que cette contrainte purement économique constitue le refus de la " liberté individuelle " aux effets analogues à ceux du nazisme ou du bolchevisme. De telles plaintes sont les fruits de l'ignorance et d'un intérêt égoïste anti-patriotique. Naturellement, nous ne savons pas avec précision ce qu'un tel dilemme, sans précédent, implique. Il faudra de très nombreuses expérimentations avant que nous nous adaptions au régime d'ultra-mécanisation qui a déboulé sur nous à l'improviste. L'industrie privée ne pourra peut-être pas accepter la réduction des profits indispensable au maintien de la cohésion de la nation — et dans ce cas, la nationalisation sera nécessaire [...] encore que, bien sûr, cela ne doive pas entraîner l'inversion des valeurs culturelles et la délirante surévaluation du travail manuel par rapport au travail intellectuel prônées par le bolchevisme. Si cela se réalise selon une évolution paisible et progressive, il n'y aura aucun bouleversement social. Le travail intellectuel intelligent continuera à être récompensé plus généreusement que celui du simple manœuvre— et cela ne signifiera rien d'autre pour la société que le fait que les bénéficiaires de ces salaires rationnellement calculés travailleront pour la nation, au lieu de grossir les fortunes privées de quelques privilégiés. Il n'y a absolument rien dans le socialisme (et non le communisme) probablement nécessaire qui doive alarmer la plus socialement et esthétiquement conservatrice des personnes. Vraiment, ce serait donner dans l'exaltation grotesque et anti-aristocratique de la chose financière que de hurler qu'une réforme purement économique signifierait un changement de notre civilisation et de nos traditions ! Le grand problème est de savoir comment démarrer l'évolution dont nous avons besoin. Il est facile de planifier, mais il est atrocement difficile de mettre effectivement en action une mesure rationnelle. C'est pourquoi nous devons avancer lentement et prudemment, en apportant toute notre attention à tout ce qui va dans la bonne direction et a une chance réelle d'être adopté, même si cela ne nous convient pas aussi bien qu'un autre plan moins susceptible *de l'être. Le public est lent et stupide, et il ne prendra jamais en consi-dération dans son ensemble un projet audacieux et intelligent. Il doit se détacher très progressivement de l'ordre actuel devenu impossible — en s'habituant aux entorses successives faites au laissez-faire capitaliste. Le New Deal, malgré ses incohérences internes actuelles et ses phases franchement expérimentales, représente pourtant le plus grand pas dans la bonne direction qui puisse avoir maintenant une chance d'être accepté — c'est-à-dire la seule et unique solution méritant l'approba-tion des amis éclairés de la future Amérique. Comme les limitations de ses mesures apparaissent progressivement, une par une, le peuple sera vraisemblablement prêt à y remédier par de nouveaux abandons d'élé-ments de l'ordre ancien [...]. Je peux par conséquent compter parmi mes amis l'administration actuelle et approuver toute mesure socialiste rationnelle nécessaire pour assurer, à tous, du travail, et à la nation, un état d'équilibre convenable. "* [91]

Les élections du " mid-term " [92] sont triomphales pour les démocrates au pouvoir. Pourtant, à y regarder de plus près, on peut y voir un glisse-ment vers la gauche du parti démocrate. Une trentaine de nouveaux élus sont nettement de gauche, qui trouvent le New Deal trop tiède. Parmi eux, Robert La Follette, réélu au Sénat avec le soutien de Roosevelt et Upton Sinclair, [93] écrivain socialiste de longue date, qui a lancé l'EPIC (*End Poverty in California*) :
" [Upton Sinclair] *propose que l'État prenne en charge les usines abandon-nées et y fasse travailler les chômeurs, ou même qu'il y fonde des colonies agricoles. L'ouvrage qui expose ces principes devient un best-seller en Californie. Sinclair décide de se présenter comme gouverneur pour le parti démocrate. Il est finalement battu, après une violente campagne des franges les plus conservatrices des deux partis* [républicain et démocrate]. " [94]

Lovecraft a lu le livre de Sinclair :
" *Il est vrai que par le passé, [Sinclair] a soutenu quelques idées poli-tiques discutables — mais ces idées-là sont-elles plus absurdes, ou même seulement aussi absurdes, que les erreurs suicidaires adverses nourries par Mr. Hoover et le " respectable " monde des affaires ? De plus, il a modifié beaucoup de ses idées sous l'influence des réalités concrètes. Il n'a jamais été communiste ou disciple du radicalisme ex-trémiste européen. Il a toujours eu son propre mode de pensée, fruit de nos origines héréditaires* [...].

(91) Lettre à Clark Ashton Smith du 30.09.1934.
(92) Mi-mandat.
(93) Robert M. La Follette Jr, homme politique américain (1895-1953). Upton Beal Sinclair, célèbre romancier américain (1878-1968). Il a dénoncé dans ses livres les méfaits du capitalisme.
(94) P. Melandi, Jacques Portes, *Histoire intérieure des États-Unis au XIXème siècle*, Masson, 1991.

Je crois par conséquent que j'aurais voté Sinclair (bien que je sois en total désaccord avec ses théories sur l'art, et que je pense peu de bien de ses romans) si j'étais Californien. Je ne vois rien de Russe dans ce descendant à cent pour cent anglo-saxon des gentlemen de Virginie — et je crois que, en partant de son côté, il a évolué vers la réalité située à mi-chemin comme j'ai évolué vers elle en venant de mon côté situé à l'opposé. Il y a une dizaine d'années, je pensais qu'il fallait le chloroformer — aujourd'hui je partage en grande partie ses points de vue. Telles sont les mutations et les aspects ironiques du temps et de l'évolution ! " (95)

Autre témoignage lovecraftien concernant Upton Sinclair, suivi d'une appréciation personnelle de la situation :

" J'ai lu l'opus de Sinclair avec un intérêt passionné. […] Il présente des points faibles et des extravagances, bien que son orientation générale se situe dans le sens que prend toute la civilisation occidentale. En face, les Républicains, qui le haïssent et le craignent, représentent un ordre des choses entièrement désagrégé, basé sur des modes industriels depuis longtemps disparus, qui ne pourra jamais espérer assurer nourriture et vêtement qu'à une fraction de la population, et qui mène tout droit à une révolution provoquée par le désespoir. Le Chronicle *(pour tout dire, chantre du capitalisme) expose plusieurs arguments intéressants, mais qui, à bien des égards, concernent davantage les institutions économiques que le peuple. Certains des parallèles tracés sont discutables, et le professeur Kreps montre ses limites lorsqu'il écrit naïvement que :*
" Pour réussir, les plans doivent, non seulement être basés sur des faits, mais pouvoir être exécutés sans perturber les institutions en place. "
Aujourd'hui, cela sonne comme un appel à un culte sclérosé des mots défunts, des documents obsolètes, et des rêves enfuis. Il faut évidemment souhaiter qu'aucune institution sociale et culturelle vitale ne soit perturbée. Mais aucune d'entre elles n'est impliquée dans le genre de modification prôné par un changement économique raisonnable. Les institutions économiques en place doivent constamment s'adapter à l'évolution des mécanismes industriels et de distribution, et il est à la fois stupide et suicidaire d'imaginer que cet ensemble fait pour convenir à l'ère agricole de jadis puisse être conservé dans une ère de mécanisation comme celle d'aujourd'hui et de demain. L'ensemble des relations entre l'individu et l'industrie a été altéré — tout comme les interactions entre les ressources et la communauté ont été révolutionnées. Tout cela est excellemment exposé dans l'ouvrage récent de Stuart Chase, Economy of Abundance. *(96) Les slogans creux comme " initiative ", " opportunité ", " individualisme ", " entreprise ", " endurance ", " esprit américain ", " auto-suffisance ", etc., etc., rabâchés sans arrêt par les politiciens républicains n'ont pas davantage*

---

(95) Lettre à Clark Ashton Smith du 30.09.1934.
(96) " Ouvrage dans lequel [Stuart Chase] considère que la NRA — *National Recovery Administration* — doit pouvoir éviter les lois anti-trusts et la fixité des prix ". (Richard Vangermeersch, Université du Rhode Island, in *A Preliminary Data Base for Stuart Chase*).

d'efficacité dans le monde mécanisé d'aujourd'hui que les tabous insensés des hommes de Piltdown ou les préceptes hiératiques des prêtres égyptiens. Aucune des conditions sur lesquelles ils étaient fondés ne subsiste dans la confusion qui règne autour de nous. Nous devons perturber les institutions en place pour autant qu'elles concernent le contrôle et la distribution des ressources. Mais seul un défenseur de mauvaise foi de la ploutocratie chercherait à entretenir la confusion entre ce type de " perturbation " — ou réorganisation économique — et le type de perturbation culturelle globale qui accompagne les bouleversements violents comme la révolution russe.

Plus je réfléchis à la présente crise économique en prenant en compte toutes les forces impliquées, plus je suis contraint de rejeter les bases générales du système économique et politique sur lequel les réactionnaires fondent leur plaidoyer. C'est du matériau mort — mots — attitudes — illusions — torts — sans relation avec les choses et les besoins actuels. Je n'avais jamais pleinement pris conscience de cela auparavant, parce que je n'avais jamais réellement réfléchi à l'économie avant 1930, quand les événements mondiaux commencèrent à obliger à penser dans ce domaine. Auparavant, j'étais un ultra-conservateur, à fond pour le système monarchiste et aristocratique. Ma conversion n'a en aucune façon été hâtive ; elle s'est faite progressivement, au fil des événements. Car bien sûr vous réalisez qu'aucun intellectuel digne de ce nom (vous ne pouvez appeler penseurs ceux qui se cantonnent au domaine des affaires, avec pour motivation première la recherche du profit) ne peut aujourd'hui approuver le capitalisme sauvage. Pratiquement l'ensemble du milieu désintéressé des philosophes et des historiens reconnaît la nécessité absolue et le caractère inévitable du changement. John Dewey — Bertrand Russell — H.G. Wells — Stuart Chase — le regretté Thorstein Veblen [97] — vraiment, la liste est trop longue pour être dressée dans son intégralité. Le laissez-faire capitaliste est aussi mort que le féodalisme ou que le jugement par l'épreuve du fer et de l'eau. Il n'offre plus qu'à une fraction seulement du peuple la chance de pouvoir se nourrir et se loger — et toute tentative de le restaurer aux États-Unis dans toutes ses prérogatives donnerait le signal d'un soulèvement réellement justifié des affamés et des désespérés. Le changement à venir n'est pas quelque chose de théorique, mais quelque chose d'inévitable. La question est simplement de savoir ce qui va changer, et avec quelle rapidité cela va se produire.

Je ne doute pas que Sinclair veuille aller trop vite — mais je pense que cela vaut mieux, précisément maintenant, que de s'asseoir sur la soupape de sécurité. Certaines des mesures les plus audacieuses proposées devront sans doute être modifiées devant les obstacles qui se dresseront sur leur chemin — on peut déjà s'en rendre compte, ainsi que vous le soulignez. D'autres ne sont pas aussi mauvaises qu'elles

(97) Thornstein Veblen, économiste américain (1857-1929).

paraissent. Il n'est, par exemple, pas nécessaire de conserver le système bancaire privé si les avoirs des gens sont d'une manière générale transférés sans délais vers les banques d'État — et il en va de même des services privés (électricité, transports, etc...) dans lesquels certains avaient jusqu'ici investi. Ces investissements étaient pour commencer anti-sociaux, car personne n'a le droit d'attendre un profit privé de grands services dont le seul but est de remplir des fonctions indispensables à la communauté. Seul celui qui se cramponne à un système de valeurs erroné et obsolète peut déplorer la destruction de la grande industrie privée. Cela arrivera de toute façon un de ces jours, et la seule question est de savoir à quelle vitesse. Je préférerais une évolution progressive, mais il se peut que les effets du New Deal soit globalement trop lents au regard de l'urgence des besoins. Il y a des millions de personnes à nourrir, et il faut trouver un moyen de leur distribuer les richesses non utilisées accumulées inutilement par les rapaces du profit privé. Si cela ne peut être fait de manière légale, cela se fera par la violence. Le monde se trouve dans une période de bouleversement continuel qui durera jusqu'à ce que soient établies les nouvelles conditions d'un équilibre stable — un équilibre entre les besoins humains et les ressources disponibles, par lequel l'individu moyen peut avoir une chance d'obtenir le gîte et le couvert en échange de ses services. Naturellement, on ne peut pas entrer dans cette période de réajustement sans que cela entraîne des inconvénients pour beaucoup — mais tout cela doit être pris en compte et supporté. Tenter de s'accrocher à leurs yachts et leurs grosses voitures en mettant des bâtons dans les roues du changement inévitable n'apportera rien de bon aux quelques bénéficiaires de l'ordre expirant. Ce qu'ils devraient faire, c'est juste la fermer, faire face, et, en usant de leur habileté technique, aider à l'inévitable changement de façon à le rendre moins pénible pour eux. Mais bien sûr, ce n'est pas ce qu'ils feront ! Au lieu de cela, ils rejoindront Bainbridge Colby, Al Smith et Reed [98] *et toute la clique des aboyeurs, pour saboter toute tentative intelligente d'expérience nouvelle. C'est la nature humaine ! Si les gens se détournent du raisonnable New Deal pour se diriger vers les extrémités de Sinclair, de Huey Long, de Bilbo* [99] *et de leurs congénères, ce sera pour beaucoup parce que les réactionnaires auront empêché les mesures modérées. C'est comme ça. Des écoles de pensée aussi modérées que celle défendue par le* New Republic *considèrent Sinclair comme étant le moins diabolique malgré ses défauts évidents, et je doute pouvoir dire en conscience être de l'autre bord, vu ce que cet autre bord représente réellement.*

Ainsi, la plupart des objections habituelles sont purement basées sur

(98) Bainbridge Colby, homme politique démocrate américain (1869-1950) ; Alfred Emanuel Smith, homme politique démocrate américain (1873-1944).

(99) Huey Pierce Long, homme politique démocrate américain (1893-1935) ; Theodore Gilmore Bilbo, homme politique démocrate américain (1877-1947).

des mots et des préjugés populaires. Supposez, par exemple, que Sinclair préconise effectivement plusieurs mesures en vigueur en Russie soviétique. Est-ce que ça joue forcément contre lui ? En fait, des douzaines d'aspects particuliers du programme soviétique méritent tout à fait d'être adoptées et adaptées par les nations du monde occidental. Cela ne signifierait pas la reproduction intégrale du bouleversement russe. Cela signifierait simplement la reconnaissance réfléchie de certaines mesures, intrinsèquement justes et utiles, considérées sans préjugés quant à leur origine. Naturellement, chacune devrait être profondément modifiée pour être adaptée à l'environnement anglo-saxon, hautement industrialisé. Mais exclure et condamner une idée simplement parce que les Soviets l'ont eue les premiers, est une attitude complètement puérile. Il y a des tas de choses en Russie dont nous ne voulons pas — mais qu'est-ce que cela a à faire avec ce que nous voulons peut-être ? Sinclair est bien assez éloigné des communistes étrangers de New York qui lorgnent vers un autre Moscou ! L'aspect le moins souhaitable du programme de Sinclair est probablement le risque d'afflux d'indigents qu'il pourrait entraîner — mais c'est peut-être exagéré. De toute façon, si le plan réussit, sa reproduction dans les autres États permettra vraisemblablement de contenir la migration à l'intérieur des frontières de chacun. Bien sûr, je vois bien que tout cela paraît alarmant pour quiconque est pris au dépourvu — mais il n'en reste pas moins que tout changement doit bien commencer quelque part à un moment donné [...] et le besoin de changement légal, si nous voulons prévenir une révolution, est assez manifeste aujourd'hui ! Nous étions à deux doigts de la révolution juste avant qu'Hoover ne soit viré.

Voilà comment je vois tout ça. Je suis certes le plus parfait des profanes, et totalement incapable d'estimer les effets de causes données ; mais aujourd'hui, même un profane peut se rendre compte de l'absence d'avenir du laissez-faire capitaliste. Il n'y a pratiquement aucun argument contre cela.

La question est celle d'une alternative ou d'une modification convenable — et là, nous nageons tous. Il me semble que la première chose à faire est de sortir de l'impasse actuelle et de démarrer quelque chose, n'importe quoi. Jusqu'à ce que le capitalisme soit réellement secoué, il ne fera pas de concessions, mais attendra simplement qu'une révolution fasse sauter toute notre civilisation. C'est donc notre affaire de le secouer — de le secouer jusqu'à ce que ses défenseurs soient prêts à envisager et à planifier quelque ordre alternatif où ils confisqueront moins de profits. Ils ne commenceront pas à cogiter et à planifier tant qu'ils ne se seront pas fait botter le cul — il est donc nécessaire de le leur botter maintenant ! Sapez leurs fondations, et ils devront se servir de leur sens pratique pour des objectifs autres que le rembourrage de leur porte-monnaie ! [...]

Bon, assez parlé du passé. Nous vivons maintenant à une époque d'abondance qui rend possible la satisfaction des besoins de tous les humains raisonnables au prix d'une relativement faible quantité de travail. Quelle en sera la conséquence ? Devons-nous continuer à rendre les ressources scandaleusement difficiles à obtenir alors qu'en réalité, il y en a pléthore ? Devons-nous laisser les antiques concepts de répartition — la " propriété ", etc... — interférer avec la distribution rationnelle de cet abondant stock de ressources à tous ceux qui en ont besoin ? Valoriserons-nous sottement les difficultés, l'angoisse et la précarité au point d'imposer artificiellement ces malédictions aux gens qui n'ont pas besoin de les supporter, en perpétuant un ensemble de règles de répartition désormais dénuées de sens et inapplicables ? Quelle objection raisonnable peut-on opposer à un contrôle centralisé et intelligent des ressources dont le but premier sera l'élimination du besoin dans chaque quartier — chose possible sans que cela compromette le confort de ceux qui bénéficient déjà d'une existence agréable ? Décréter " incontrôlable " la répartition des ressources par l'homme — et à une époque où pratiquement toutes les forces sont exploitées et utilisées — est tout bonnement infantile. Ce sont simplement ceux bénéficiant de la part du lion qui ne veulent pas d'une répartition nouvelle ou rationnelle. Inutile de dire que pas un penseur sérieux n'envisage un paradis égalitaire sans travail. Beaucoup d'activités demeurent indispensables, et les capacités humaines diffèrent. Un service haut de gamme doit toujours être récompensé davantage qu'un service de qualité inférieure. Mais au milieu de l'actuelle abondance des biens et de la diminution de quantité de travail possible, il doit y avoir une répartition juste et rationnelle des chances de bénéficier d'un travail et d'un salaire garantis. Lorsque la société est incapable de fournir du travail à un homme, elle doit faire en sorte de l'entretenir ; mais elle doit si possible lui donner du travail, et elle doit l'obliger à l'effectuer lorsque nécessaire. Cela n'implique pas d'interférer avec les habitudes et le mode de vie personnels (contrairement à ce que disent certains réactionnaires), ni qu'il y ait à déplorer l'absence d'insécurité. Si " l'endurance " et " l'américanisme " demandent un état de constante anxiété et de privation pénible pour chaque citoyen, alors cela ne vaut pas le coup ! Il vaut mieux, et de loin, être " décadent " que tolérer un tel gaspillage brutal d'énergie humaine ! Toutes ces complaintes fébriles sur l'état de " dépendance " du citoyen moderne ne sont qu'un écho sauvage du vieux concept petit-bourgeois de capacité à s'enrichir considéré comme le sommet insurpassable de la qualité humaine. Du point de vue du socialiste rationnel, je crache aujourd'hui sur ce concept, comme j'avais craché dessus hier du point de vue du féodaliste agraire. Je le considère comme quelque chose de fondamentalement hostile à tout ce qu'il y a de mieux dans l'espèce et l'esprit humains.

Bien sûr, la réelle nécessité du changement ne vient pas de la trop grande abondance de ressources, mais de l'accroissement des conditions qui font qu'il est impossible à des millions de gens d'avoir une chance d'accéder à la moindre ressource dans le cadre de règles artificielles aujourd'hui obsolètes. Cette évolution n'est pas un mythe. Les machines ont déplacé 900.000 personnes à l'intérieur des États-Unis avant le crack de 1929, et aucun régime concevable de " prospérité " (dans lequel seuls quelques-uns disposent de ressources abondantes et mobiles qu'ils peuvent s'échanger entre eux avec succès) ne parviendra à éviter la présence permanente de millions de chômeurs, aussi longtemps qu'on se conformera au laissez-faire capitaliste à l'ancienne. L'argument faiblard selon lequel les nouvelles machines créent de nouveaux jobs n'a pas de bases sérieuses. Le compte n'y est pas. Pour une dizaine d'hommes employés dans une nouvelle industrie, une centaine ou davantage quittent toutes les industries. Chaque jour voit le développement de quelque nouvelle invention qui fait en sorte que le travail puisse être réalisé par un nombre d'hommes toujours moins important. Même si la production des besoins nécessaires à l'ensemble de la population faisait que chacun se trouve naturellement occupé (ce qui est peu probable au regard de l'efficacité des méthodes de reproduction : les technocrates de 1932 ont révélé certaines vérités profondément significatives !), le laissez-faire capitaliste n'offrirait aucun moyen à l'ensemble de la population de disposer du pouvoir d'achat suffisant pour subvenir à ses besoins. Tout le système est en train de s'auto-détruire. Ce ne sont pas les gens comme Sinclair, mais son propre poids mort et son inefficacité qui le tuent !

Sans vouloir me vanter, je dois remarquer que j'avais reconnu ce problème de chômage technologique longtemps avant la Dépression, encore que (dans les profondeurs de mon manque de réflexion) j'avais préconisé une solution totalement différente. Féodaliste convaincu, je croyais que les grandes industries joueraient le jeu de la transparence au lieu de contrôler secrètement le gouvernement. J'ai prôné le laisser-faire — croyant qu'ils auraient à cœur de se saisir eux-mêmes du problème croissant du déplacement humain. J'ai pensé qu'ils reconnaîtraient le péril révolutionnaire à venir engendré par des millions de chômeurs, et réduiraient volontairement leurs profits pour donner du travail à tous, et instituer les pensions aux personnes âgées et l'assurance-chômage. J'ai affirmé que les propriétaires financiers du futur se sentiraient les mêmes responsabilités que les propriétaires terriens du passé — et que les grandes accumulations de richesses engendreraient à nouveau une véritable gentry *s'intéressant à autre chose qu'au profit et capable de s'adonner à des loisirs cultivés. Je vois maintenant à quel point j'ai tragiquement surestimé la rationalité du ploutocrate. Au lieu de l'aristocrate aimable que je cherchais, nous n'avons eu que les " laissez-les crever de faim ", profiteurs à la Shylock* [100] *de l'ère Hoover.*

Aussi ai-je adapté mes idées. J'imagine que vous voyez qu'avec moi, le processus n'a rien à voir avec le saut émotionnel qui a fait plonger Sonny Belknap dans le bolchevisme russe. J'ai évolué presque à contrecœur — peu à peu, comme pressé par des faits trop obstinés — et je suis encore aussi éloigné du marxisme naïf de Belknap que de la toute aussi naïve orthodoxie républicaine que j'ai abandonnée. Je suis plus que jamais contre tout bouleversement culturel — et je crois que rien de tel n'est nécessaire pour parvenir à un nouvel équilibre économique viable. Le meilleur de la culture a toujours été d'ordre non économique. Jusqu'ici, elle s'était développée dans la vie sécurisée et à l'abri des luttes de l'aristocratie. Dans le futur, on peut également s'attendre à ce qu'elle se développe à partir de la vie sécurisée et à l'abri des luttes de tous les citoyens aptes à l'entretenir. Il n'est nullement nécessaire d'abaisser la culture au niveau des esprits grossiers. Vraiment, c'est quelque chose qu'il faut combattre becs et ongles ! Avec les opportunités économiques artificiellement régulées, nous pouvons très bien laisser les autres intérêts suivre leur cours naturel. Les différences inhérentes aux personnes et aux goûts créeront des classes socioculturelles différentes comme par le passé — bien que la relation de ces classes à la maîtrise des ressources matérielles sera moins établie qu'elle ne l'était à l'époque maintenant close du capitalisme. Tout ceci va évidemment contre le stalinisme rampant de Belknap — mais je vous ai déjà dit que je ne suis pas bolchevique ! Je suis pour la préservation de toutes les valeurs dignes d'être préservées — et pour le maintien d'une complète continuité culturelle avec le courant principal occidental européen. N'imaginez pas que le détrônement de certains concepts purement économiques signifie une rupture brusque de ce courant. Il signifie un retour à des tendances artistiques typiquement aristocratiques […] plutôt que bourgeoises. Il n'y a rien dans la culture bourgeoise dont il faille porter le deuil. Elle était grossière et méprisable dès le départ. " [101]

---

(100) Célèbre personnage du *Marchand de Venise* de William Shakespeare.
(101) Lettre à Clark Ashton Smith du 28.10.1934.

L'ANNÉE 1935

" En ce qui concerne les problèmes politiques — je ne vois encore aucun genre d'action méritant d'être adopté qui présenterait une amélioration par rapport à l'expérimentation actuelle du New Deal. Le vieux principe du laissez-faire capitaliste est absolument mort. Il n'a rien d'autre à proposer que la famine, et constituerait — si on le rétablissait — rien moins que le prélude à la révolution. L'un des dangers qui menacent l'administration actuelle est de trop tenir compte de la pression exercée par l'élément ploutocratique affolé et de trop pencher vers la droite — et de tomber entre les mains de radicaux irresponsables et incompétents. Ce dont on a besoin, c'est de toute évidence de quelque chose qui soit beaucoup plus à gauche que le New Deal — mais comment diable une telle chose peut-elle être accomplie autrement que graduellement ? Lorsqu'une suggestion " de gauche " est faite ouvertement, les gens prennent peur et ça échoue — comme en Californie l'automne dernier. [102] *La seule chose à faire est d'aller lentement — pas à pas — de façon à ce que les gens prennent l'habitude du changement. Certains concepts établis — comme l'inviolabilité du profit et de la propriété privés — doivent être modifiés et progressivement dissous. Lorsque le premier pas vers la gauche aura été réellement effectué, le suivant sera moins difficile. Si l'administration actuelle ne peut pas amorcer la seconde étape, elle sera naturellement remplacée par une autre qui aura de meilleures chances d'y arriver. La chose la plus importante est de réaliser le changement nécessaire progressivement et paisiblement — en évitant le genre de bouleversement qui créerait un mal irréparable en détruisant les valeurs culturelles. Si le Parti Démocrate vire à droite ou campe sur ses positions actuelles — remplaçant alors le peut-être défunt Parti Républicain en tant que force réactionnaire — alors l'espoir reposera sur quelque nouveau parti libéral placé dans la lignée de La Follette, du Wisconsin. Et si même cela échoue, il faudra alors voir ce que Norman Thomas, Upton Sinclair, et jusqu'au grotesque Huey Pierce Long auront à offrir. Mais on doit en tout cas souhaiter que la tendance soit à l'apparition de mouvements authentiquement américains, correspondant vraiment au tempérament de notre peuple, et qui ne dérivent pas vers le marxisme dément des populations esclaves européennes qui se trompent elles-mêmes. Le radicalisme importé judéorusse de New York City est aussi néfaste que la vieille ploutocratie républicaine contre laquelle il est déployé. Tous deux sont également suicidaires pour la nation. "* [103] Et comme on peut le constater, le New Deal occupe encore tous les esprits. Attente insupportable de résultats où les supputations vont bon train :

(102) Allusion à Upton Sinclair. Voir supra.
(103) Lettre à J. Vernon Shea du 10.02.1935.

" *En ce qui concerne les problèmes politiques — il semble qu'actuellement la pression de la droite produise de dangereux effets sur le gouvernement ; mais j'imagine qu'il est trop tôt pour se montrer dogmatique. Tout le problème est d'imaginer quelque action qui ne soit pas seulement théoriquement réalisable, mais aussi réellement possible à accomplir dans le cadre des mécanismes politiques existants. C'est plus difficile qu'il n'y paraît, car la pression va s'exercer de multiples façons. Il faudra un processus progressif — avec tout le temps pour les réactionnaires de prendre conscience des grondements croissants des demandes de la masse et de modifier leur attitude obstructive en conséquence. Huey Long, Upton Sinclair et le Père Coughlin sont salutairement irritants — à moins que les Républicains ne trouvent un moyen de les utiliser en cassant le vote libéral. L'écho croissant rencontré par de tels appels commence à montrer aux ultraconservateurs l'extrême impossibilité de restaurer le régime impitoyable du laissez-faire — en les préparant pour la retraite. Les politiques gouvernementales auront aussi à évoluer vers une expérimentation audacieuse afin de s'accorder à la demande exprimée. Mais cela se fera nécessairement par un lent phénomène de balancier. Long et les extrémistes de son genre ne gagneront jamais une élection — ils ne feront qu'éparpiller les votes et permettront peut-être aux réactionnaires outranciers de se frayer un passage. La politique la plus sûre est de soutenir l'élément le plus libéral qui soit effectivement capable d'appliquer ses mesures. Ce serait plus facile d'en faire une première étape — un point de départ pour d'autres changements à venir — que d'essayer d'introduire tout de suite un changement radical, tentative promise à un échec certain. Même si une telle tentative réussissait, il n'existe aucun plan sur lequel fonder un régime stable. Sinclair est pour le socialisme, Long pour un capitalisme limité dont la viabilité est très douteuse, Coughlin pour quelque chose d'autre, Townsend pour une panacée encore différente, etc... J'imagine le combat que toutes ces factions se livreraient entre elles, avec les Juifs marxistes en embuscade et attendant de bondir au moment propice ! Et celui qui ne peut voir l'extrême impossibilité d'unifier ces éléments est réellement aveugle. Long et Townsend sont pour quelque chose de complètement antagoniste à tout ce que Sinclair et Norman Thomas (qui eux-mêmes diffèrent !) représentent. En fait, Sinclair et Thomas ont probablement raison — car il est douteux que le capitalisme privé supporte la tension qu'exercerait sur lui le " partage de la richesse ". Une certaine forme de collectivisme doit s'imposer — c'est la seule façon pour une nation entièrement mécanisée de pouvoir être, de manière permanente, nourrie, habillée et logée — mais pour y parvenir, il faut exercer une pression sur un gouvernement responsable capable d'une politique unifiée (bien que variée et expérimentale) et d'une action efficace. C'est ainsi que, pour le moment, je puis toujours être considéré comme un New-Dealer. "* (104)

On voit ici apparaître deux figures nouvelles de la politique américaine. Le docteur Townsend et le père Coughlin se situèrent en marge de cette politique. En 1935, le docteur Towsend avait soixante-huit ans quand il perdit son emploi. Il tira de cette expérience un plan utopique en :

" […] proposant à l'État de verser 200 dollars par mois à tous les plus de soixante ans, à condition qu'ils s'engagent à dépenser l'intégralité de la somme dans le mois. Ce montant représentait le double du revenu moyen de l'époque. Selon lui, cette distribution, financée par une taxe de ventes de 2%, relancerait la consommation et résoudrait le problème du chômage puisque les personnes âgées n'auraient plus à concurrencer les jeunes sur le marché du travail. " (105)

Le père Charles Coughlin, prêtre catholique, s'était fait connaître par ses sermons radiophoniques contre le Ku Klux Klan et le parti communiste, contre les banquiers et contre le président Herbert Hoover. Il mit peu à peu sur pied un plan de redistribution des richesses grâce à la manipulation monétaire, et envisagea des nationalisations, tout en s'en prenant aux riches et en prêchant la justice sociale.

Les deux hommes n'atteignirent pas leurs buts. L'intégrité du premier fut mise en cause aux élections de 1936, en vue de l'affaiblir, et le second fut victime, le succès lui montant à la tête, d'une sorte de culte de la personnalité qui rendit ses propos encore plus violents, fascisants et antisémites, entraînant son isolement et affaiblissant son message.

*" J'ai suivi récemment un grand nombre de conférences intéressantes — parmi elles une série particulièrement réussie sur le regretté Dr Franklin, dont l'évocation me ramena agréablement à ce XVIII*ème *siè-cle dont je fais, d'un point de vue psychologique, inextricablement partie intégrante. J'ai été heureux de voir le conférencier (une authentique autorité en matière d'Histoire américaine) insister sur une constatation que j'ai toujours tirée des écrits mêmes du Dr F. — à savoir qu'en dépit de son exigence de rigueur économique et de prudence individuelle, le philosophe ne soutient pas le programme du laissez-faire capitaliste comme le prétendent certains défenseurs modernes de ce système qui cherchent à le justifier sous son autorité. Il a expressément proclamé la nécessité de la supervision gouvernementale du commerce et de l'industrie sous certaines conditions, en des termes extrêmement généraux qui seraient ceux d'un partisan du New Deal s'il vivait aujourd'hui. Le professeur Crane a plus avant démontré que les déclarations de circonstance de Franklin, destinées au public primaire du* Poor Richard's

(104) Lettre à J. Vernon Shea du 13.03.1935.
(105) P. Melandi, Jacques Portes, *ibid.*

Almanack, *donnaient une idée très déformée de ses véritables convictions en ce qui concerne la valeur qu'il accordait à la réussite purement matérielle* [...]. " (106)

" *Oui — les périodes de transition sont toujours difficiles à traverser* [...] *parce que des conditions nouvelles doivent être soumises à une expérimentation répétée, à des essais, à des erreurs, et parce que beaucoup de gens conservent du passé un ensemble encombrant de préjugés, de critères et d'attitudes psychologiques qui sont dénués de sens et même dangereux à la lumière des nécessités présentes* [...] *La lutte se déroule comme cela avait été prédit. Il devient évident que des remèdes plus vigoureux sont nécessaires — mais la glace est déjà presque rompue pour leur adoption, sans violence, par étapes successives. Si les Républicains aveugles et arrogants d'Hoover avaient résisté, il n'y aurait eu aucune préparation pour un changement rationnel. Pas d'aide publique, pas de coordination intelligente des industries, pas d'alternative à la déroute financière et à la révolution violente. Maintenant, la mécanique est prête à se mettre en marche et le gouvernement sait qu'il doit pencher en direction de l'intérêt public. La constante application d'irritants tels que Huey Long et le Père Coughlin est véritablement un bon signe — celui de l'adhésion à des méthodes légales plutôt qu'à la violence. Bien que les projets des agitateurs aient peu de chance d'aboutir, la pression qu'ils exercent joue un rôle utile en obligeant le gouvernement à passer à une étape plus radicale mais réalisable. Cette étape est évidemment le contrôle public (et vraisemblablement, pour finir, la nationalisation) des plus grandes industries et services. C'est seulement au moyen du contrôle public — par sa politique d'actions désintéressées uniquement consacrée au service — de l'industrie, que l'ensemble des ressources de la nation deviendra suffisamment disponible pour permettre la redistribution rationnelle demandée avec insistance — et à juste titre — par l'écrasante majorité du peuple. Certes, tout ça est assez éloigné de ce que l'administration actuelle essaie de faire — mais cette administration répondra mieux à la pression que ses prédécesseurs follement sectaires ne l'avaient fait.* [...] *Le fait est qu'aucun groupe important en Amérique ou en Angleterre ne veut être contrarié dans ses modes de vie. Tout ce que n'importe quelle personne responsable désire, c'est la restauration de la certitude de pouvoir vivre en échange de services. Les modifications voulues sont de nature purement économique — et non culturelle. Les modifications des valeurs culturelles qui résulteraient éventuellement de ces mesures nécessaires surviendraient de manière très lente et très subtile — et dans une direction parfaitement souhaitable* [...] *à savoir une direction mettant moins l'accent sur la propriété, la fortune et la capacité à s'enrichir, et davantage sur l'excellence personnelle. Les grands maux de cette*

(106) Lettre à Helen V. Sully du 24.04.1935.

nouvelle ère seront vraisemblablement ceux qu'ont en commun toutes les époques nouvelles — la maladresse, l'inexpérience, et l'inefficacité. On doit s'y attendre jusqu'à ce qu'une nouvelle technique gouvernementale industrielle et économique puisse être élaborée et devenir part intégrante du comportement national. Cela signifie naturellement une période à venir pénible et difficile — mais on doit s'estimer heureux de n'avoir rien de pire à redouter. Lorsqu'on pense aux horreurs qui accompagnent les révolutions violentes, on peut apprécier la chance qu'a notre nation de pouvoir sans doute s'en sortir au prix d'une simple gêne. L'époque actuelle, me semble-t-il, n'est pas celle du "péril", de la "menace" ou du "cataclysme", dont certains alarmistes nous rebattent les oreilles. Elle est plutôt celle de la gêne, de l'ennui, des épreuves, du tâtonnement, de la confusion, de la déception, de la stagnation, et de la transition lente." [107]

"Le véritable travail est d'éduquer la masse des gens à accepter un système autre que celui du capitalisme non contrôlé. Ils ne l'accepteront pas maintenant — regardez ce qui est arrivé à Sinclair ! [108] *Ils ont vu les demi-mesures échouer l'une après l'autre, jusqu'à ce que l'idée ait enfin pénétré à l'intérieur de leurs têtes épaisses que seul un gouvernement propriétaire des grandes industries, sur une base de non profit, leur donnerait l'assurance d'un travail régulier et de conditions de vie décentes. Je pense qu'ils réalisent maintenant que le laissez-faire capitaliste est mort. Même les hurlements et braillements les plus sonores des Républicains ne semblent plus en influencer la grande majorité. Ils ont compris que rien d'autre que le contrôle de l'industrie ne pourra restaurer pour chacun la possibilité d'obtenir un travail […], compréhension qui constitue presque un exploit pour l'esprit de la masse. Encore une étape, et ils comprendront que le profit privé ne pourra ou ne voudra pas s'opposer au contrôle du gouvernement — ce qui signifie à terme la disparition du profit privé, l'allocation gouvernementale pour le travail devenant une nécessité évidente. Quand tout cela sera réalisé, les gens seront véritablement prêts à élire des administrations de gauche aux buts socialistes ouverts et intelligents. Mais nous sommes loin de la barbarie, de l'ignorance, de la fausse science et des valeurs grotesquement inversées prônées par le communisme marxiste orthodoxe. Le socialisme intelligent n'exige pas la délirante glorification des travailleurs manuels aux dépens des planificateurs d'élite. Comme auparavant, un travail simple engendrera un salaire modeste alors que les services de haut niveau induiront des salaires substantiels. Le monde n'aura pas besoin d'être mis sens dessus dessous. Ce qui disparaîtra, ce seront les grandes concentrations privées qui ne produisent rien de bon, le gaspillage des ressources en profits immérités, et la pra-*

---

(107) Lettre à Miss Elizabeth Toldridge du 22.04.1935.
(108) Sinclair avait été battu aux élections de 1934. Voir supra à propos de l'EPIC.

tique barbare et criminelle de laisser l'emploi dépendre aléatoirement de profits accidentels sur des transactions dont l'objectif n'est pas le service public.

Bien sûr, il ne s'agit pas ici d'une prophétie. Mais seulement d'une possibilité. Personne ne sait ce qui arrivera vraiment, puisque toutes sortes de facteurs inconnus et imprévus peuvent en fin de compte s'avérer cruciaux et décisifs. Lorsque je parle d'évolution raisonnable, cela ne signifie pas nécessairement un processus tout à fait tranquille et parlementaire. Toutes sortes de coups d'état, d'émeutes locales, de marches fascistes, etc... peuvent survenir. Même une révolution modérée comme celles d'Espagne et d'Amérique du Sud, ne serait pas à exclure. Mais quelque chose qui reste dans des limites acceptables peut être qualifié de " révolution raisonnable ", distinct de l'extravagance sauvage et destructrice, et des stupides aberrations du bolchevisme. Comprenez-moi bien. Je veux simplement dire que je pense que cette évolution a une bonne chance de survenir [...], nullement qu'elle est certaine. Si les changements nécessaires sont trop lents à venir, et si la criminelle folie républicaine se manifeste trop vigoureusement, il est inutile de décrire l'explosion hystérique qui en résultera. Je détesterais voir le bolchevisme s'installer — mais il y a des limites à l'étendue de ma surprise quant au possible avènement d'un tel désastre [109] *".*

On mesure, à l'intensité presque dramatique qui se dégage des textes de Lovecraft, l'importance de l'enjeu économique auquel étaient alors confrontés les États-Unis, ce qui lui fait écrire :

" Les élections de 1936 seront très tendues et très importantes — si les Démocrates sont avisés, ils évolueront nettement à gauche afin de freiner ce qui autrement pourrait constituer l'émergence d'un troisième parti. Ce sera, certes, désagréable. Les conservateurs de la vieille école du " laissez-les crever de faim " brailleront, et les affairistes privés susciteront sur une grande échelle autant de problèmes qu'ils le pourront. Mais ces influences ne conserveront pas longtemps leur vigueur de jadis. On pourra s'attendre à l'émergence progressive d'un projet socialiste rationnel, et seul un obstacle imprévu réveillerait des forces violentes ou culturellement subversives. " [110]

" En ce qui concerne les partis politiques américains — je pense qu'ils sont tous obsolètes aujourd'hui, eu égard aux nouvelles conditions engendrées par le développement simultané de deux modifications fondamentales de l'existence humaine — l'application à l'industrie des techniques mécaniques de production en série rapide et facile au moyen d'un minimum de travail humain, et l'effondrement de plusieurs illusions philosophiques favorisant traditionnellement certaines valeurs fausses et méthodes inconsciemment barbares. La philosophie des

(109) Lettre à Woodburn Harris du 19.05.1935.
(110) Lettre à Miss Elizabeth Toldridge du 22.04.1935.

Républicains (qui, soit dit en passant — avec ses antécédents Whigs et Fédéralistes — est celle de ma famille) apparaît comme correspondant le moins aux nécessités de l'avenir à cause de sa confiance mielleuse dans des principes de laissez-faire économique depuis longtemps inopérants et qui n'ont d'ailleurs jamais été qu'approximatifs. Les Démocrates, par leur enthousiasme à expérimenter, constituent quelque chose de moins impossible — mais la seule sorte de gouvernement capable de faire face efficacement au futur devra s'inspirer largement du fascisme et du socialisme. La plupart de nos jeunes penseurs rejoignent le communisme marxiste [...] une médecine qui tue plus qu'elle ne guérit. Ces dernières années, mon intérêt s'est accru pour les opinions sociales du groupe de La Follette, dans votre propre État. " (111)

Les contestations démagogiques d'un prêtre, d'un vieux médecin et d'un homme politique de Louisiane (Huey Long) ont perturbé les Démocrates — car ceux-ci se pensaient maîtres du terrain social et humanitaire, eu égard aux progrès accomplis depuis 1933 —, mais pas assez pour contrecarrer le travail de Roosevelt.

DE JANVIER 1936 À MARS 1937 (112)

" La crise actuelle, en Amérique, fait partie d'un conflit qui sape profondément le noyau de l'idéologie et des standards humains. La véritable fracture se situe entre deux philosophies de la vie — l'une qui incite les gens à coopérer et à utiliser les fruits de l'invention et de la découverte afin de rendre à chacun l'existence aussi facile que possible pour libérer les énergies en vue du véritable développement de la personnalité humaine, et l'autre qui insiste pour que la lutte de la jungle soit prolongée — l'existence étant rendue plus dure pour ceux qui n'arrivent pas à obtenir de ressources, de sorte que les moins rusés se retrouveront dans une situation intolérable et souffriront d'un taux de mortalité élevé alors que les rusés calculateurs se multiplieront, combattront et cultiveront un idéal de ruse dominante. Les défenseurs de la seconde philosophie prétendent que c'est seulement en exaltant l'habileté et l'agressivité, et en piétinant celui qui ne calcule pas, qu'une nation peut développer la vigueur nécessaire pour exceller ou pour survivre dans la lutte mondiale. Ils n'ont pas confiance dans le pouvoir de l'éducation, ni dans la science médicale, ni dans l'hygiène, ni dans la formation de la personnalité, ni dans la discipline d'un travail légitime (à savoir une lutte désintéressée pour la recherche du bien commun, ou des services définis et rationnellement alloués en échange d'appointements équitables) pour élever la race à la hauteur des standards nécessaires de robustesse, de progrès

(111) Lettre à Mr Bantz du 16.05.1935.
(112) Rappelons que Lovecraft est décédé en mars 1937.

matériel et de capacité de survie. En d'autres termes, ils ignorent le monde moderne de la science et reviennent au monde de l'homme primitif et des animaux inférieurs, où tous les facteurs de l'évolution sont le fait du hasard et où par conséquent, la prospérité du fort, la soumission et la destruction du faible sont véritablement des éléments de progrès. Ils éludent totalement la question des différentes sortes de supériorité. Lorsqu'ils parlent de favoriser celui qui est " fort et efficace ", ils veulent seulement parler de celui qui est devenu " fort et efficace " sur le plan industriel. L'homme de science, l'artiste ou le philosophe qui ne sont pas de bons faiseurs d'argent sont classés parmi les fainéants et voués à la souffrance et à l'extermination. Aucune des valeurs autres que matérielles n'existe apparemment pour ces hardis défenseurs de " notre américanisme pionnier historique ". […]

Je souhaite que la transition à venir s'accomplisse progressivement et paisiblement, comme celle des nations nordiques, plutôt que celle, violente, de l'Europe de l'Est, du Centre et du Sud. La philosophie la plus sensée est celle de Norman Thomas — mais la seule voie pratique qui puisse effectivement assurer cette transition paisible est celle du New Deal. Il a ses faiblesses et ses limitations — mais c'est la seule ligne de conduite qui offre une chance véritable. L'une de ses faiblesses — sa constante soumission au principe général du capitalisme — est en même temps un de ses points forts, car l'asservissement de la plèbe à la propagande est tel que les électeurs se trouvent effarouchés par la simple étiquette du socialisme, quand bien même ce sont des services de ce dernier dont ils ont le plus besoin. En ménageant le vieux vocabulaire usé capitaliste, le New Deal est capable de faire ingurgiter sa médecine douce à un patient gravement malade, mais récalcitrant par caprice. Je crois sincèrement qu'il reviendra au pouvoir le mois prochain, à moins que les forces qui se sont lentement mises en mouvement ne soient retardées, et que le terrain ne soit miné pour une nouvelle crise comme celle de 1932. Il me semble que tout se présente bien — même si les réactionnaires se battent comme des rats acculés et mentent comme des petits voyous d'école primaire. […]

Honneur à Norman Thomas, à F.D.R. [113], au Gouverneur Green, du Rhode Island, et aux autres produits du XIXème siècle, qui ont brisé les chaînes d'une éducation corsetée par la tradition, surmonté les préjugés de classes, et mis le cap vers la lumière sans se soucier du passé, des préjugés, ou des conséquences matérielles pour eux-mêmes ! ". [114]

La cause est entendue. Lovecraft a embrassé la démocratie et se répand en louanges — modérées — sur le New Deal. " *Je suis à fond pour le développement continu et les révolutions — et il me semble que les nations aux traditions naturellement ordonnées et libérales ont une*

---

(113) Franklin Delano Roosevelt.
(114) Lettre à Catherine L. Moore, mi-octobre 1936.

chance très convenable de se développer dans une direction valable sans bouleversements cataclysmiques. La Grande-Bretagne et les pays scandinaves sont loin devant les États-Unis, mais même ces derniers avancent, malgré leur tradition enracinée de sévère avidité. Ainsi aujourd'hui suis-je partisan du New Deal — parfaitement conscient des gaspillages et du gâchis engendrés par l'expérience, mais convaincu qu'une expérience sans préjugés avec toutes ses erreurs vaut beaucoup mieux qu'une progression efficace et économique dans une mauvaise direction ". [115]

" Nous savons de façon certaine aujourd'hui — pour autant qu'une chose puisse être tout à fait connue — que rien ne donnera jamais du travail à toute la population d'une nation, à l'exception d'une supervision gouvernementale directe, sur une grande échelle, de l'industrie, et de l'attribution délibérément artificielle de travaux à un nombre accru d'individus par des limitations drastiques de la durée du travail, et ce sans souci de profits. La supervision gouvernementale doit être mise en œuvre parce que les profiteurs privés ont montré leur réticence obstinée — quand ce n'est pas leur incapacité — à agir d'eux-mêmes dans cette voie. Si l'industrie privée parvient à se mettre en phase avec les décisions des gouvernements, il est possible qu'elle survive (tolérée, comme la religion, en tant que simple vestige d'un milieu ancien et obsolète) malgré la stupidité fondamentale du profit privé. Si elle ne le peut pas, ou ne le veut pas, l'affaire doit être reprise (de préférence tranquillement — ou en s'en débarrassant par la concurrence gouvernementale) par le gouvernement et utilisée au profit de l'intérêt public. C'est une étape à venir — que la supervision doit précéder. Le New Deal a essayé d'établir une telle supervision avec la N.R.A., [116] *mais il fut si sauvagement contré (et peut-être manquait-il d'audace) que l'effort fut annulé avant d'avoir atteint son but. D'où les fanfaronnades des Républicains à propos de l'échec de la N.R.A. Des tentatives similaires seront absolument nécessaires si l'on veut que les millions de laissés pour compte retournent à l'industrie régulière. Qu'ont donc fait les Républicains pour résoudre ce problème ? Comme d'habitude, rien — excepté de claironner que leur régime restaurerait l'emploi [...] ce qu'ils n'ont pas été capables de faire en 1928 ; aujourd'hui, ils en seraient encore moins capables ! La vérité est que la nation ne peut survivre sans un gouvernement centralisé fort qui ait le plein contrôle des processus économiques et industriels. Qualifier une telle centralisation et un tel contrôle de " tyrannie oppressive ", ou déclarer que cela entraînerait automatiquement un contrôle de tous les aspects de la vie privée, des opinions, de l'expression, de l'art, de l'intellect, etc..., c'est tout bonnement mentir ou être fou. Je ne pense pas que les Républicains*

(115) Lettre à J. K. Plaisier du 8.07.1936.
(116) *National Recovery Administration.*

puissent tromper beaucoup de gens lorsqu'ils tentent d'affirmer qu'un contrôle économique décent du gouvernement implique une épuration culturelle comme celle imposée par les Nazis, ou interfèrerait avec la liberté d'enseigner, d'étudier, de s'exprimer, bref, avec toute forme de liberté individuelle. C'est aussi fou que leur déclaration selon laquelle un monde rationalisé ne serait pas capable de récompenser les capacités en fonction de leur valeur — comme si, même en Russie soviétique, les dirigeants et les scientifiques n'étaient pas payés davantage que les terrassiers ! Mais là, ce qui semble déranger les Républicains, c'est davantage la disparition des récompenses imméritées (le profit engrangé par ceux qui ne sont que perspicaces et chanceux) que celle des récompenses méritées ! Autre aspect ironique... lorsque le Dr Tugwell [117] *essaie d'aider certaines familles en favorisant leur installation volontaire dans certaines régions, les Républicains crient à l'invasion et au contrôle de la vie privée par l'État. Et que dire de l'esclavage dans lequel les corporations privées tiennent leurs victimes jusqu'à les abandonner à la dérive et sans le sou ? Et que dire des cottages, des chaînes de magasins, etc... etc... attribués arbitrairement, imposés par leurs vassaux industriels dans les villages miniers et industriels ? Est-ce là la liberté ? Sans doute pas, mais l'américanisme loyal des Républicains ne semble jamais se rebeller contre l'esclavage imposé par leurs chouchous du business privé. Le business est l'idole adorée aux pieds de laquelle absolument tout — y compris la " liberté " — peut être sacrifié. La supervision ou l'aide à la vie privée offusquent les Républicains seulement lorsqu'elles sont l'œuvre de l'État dans un but humanitaire. Lorsqu'une supervision, une colonisation, une organisation quasiment militaire, etc... identiques sont imposées par des corporations privées avides de réaliser des profits indécents et inhumains, aucun bon Hooverien ne s'en offusque ! C'est ainsi — le principe républicain est de se tenir fermement en travers de la voie de tout progrès nécessaire. C'est le principe de la régression, du chaos et de la mort — exiger de sauvegarder des valeurs et des pratiques brutales et insensées qui devraient être remplacées si l'on veut que la nation échappe à l'explosion. Ses seules séductions sont celles [...] de la franche avidité égoïste, du genre " après moi, le déluge. " "* [118] [119]

" Au fur et à mesure que je vieillis et que je réfléchis d'une façon de plus en plus détachée, je réalise que le socialisme, d'un type ou d'un autre, est essentiel à une civilisation authentique, profonde et humaine. Je ne crois pas que le communisme marxiste constitue le bon modèle, car il comporte comme remèdes beaucoup d'erreurs. Mais la ploutocratie basée sur l'esprit de compétition doit de toute façon être détrônée. Le seul gouvernement valable est celui qui garde l'économie sous sa coupe, en

---

(117) Rexford Guy Tugwell, économiste américain (1891-1979).
(118) En français dans le texte.
(119) Lettre à Catherine L. Moore d'août 1936.

assurant à tous des moyens d'existence, et en prévenant le gaspillage et la redondance de l'effort de compétition. Il doit être assuré par un petit groupe d'exécutants supérieurement formés, au pouvoir centralisé, de la même race et de la même nature que la nation dans son ensemble, et choisis (après des tests psychologiques et éducatifs imposés pour être candidat) par le vote de citoyens aux capacités mentales, savantes et culturelles satisfaisantes garanties par un examen. Nous ignorons si un tel gouvernement peut être mis en place par une quelconque nation aryenne existante. Tout ce que nous savons, c'est que c'est la seule sorte de gouvernement digne d'être recherchée. Notre génération ne peut pas espérer le voir — mais nous pouvons au moins favoriser chaque changement réalisable qui y conduit, et contrer chaque force de réaction inspirée par un slogan qui en éloigne. Je ne suis pas pour le parti communiste d'Earl Browder mais pour le New Deal — après tout, mes différences avec les idéaux de base de Belknap ne sont certainement pas aussi grandes que celles que j'ai avec Hoover, Landon, Ogden Mills et J.P. Morgan [120]. *Les seuls points où je m'aligne sur les troupes et les racketteurs de la ploutocratie républicaine contre les marxistes et les Calvertoniens* [121] *sont (1) mon exigence d'une préservation globale du courant principal de la culture occidentale, et (2) mon refus d'une révolution sociale vue comme un raccourci vers un ordre rationnel politique et économique.* " [122]

Notons enfin le texte qui suit où notre auteur analyse les tenants et aboutissants pratiques du New Deal, avec un détachement et un jugement on ne peut plus lovecraftiens :

" *Qu'attendent les contribuables — une nation stable, alors que des millions de gens sont affamés et penchent vers une révolte justifiée à cause d'une politique gouvernementale obsolète qui favorise l'enrichissement individuel de quelques-uns assez chanceux pour décrocher un de ces jobs dont le nombre décroît sans cesse ? Si de tels contribuables ne sont pas prêts à réduire leurs bénéfices pour contribuer à une plus grande stabilité nationale, j'espère voir un nouveau gouvernement annuler les garanties à l'abri desquelles les idées artificielles sur ce qu'ils " ont le droit " de gagner furent érigées ! Cela ne veut certes pas dire que tous les impôts — votés dans la hâte et contre une opposition sauvage — sont théoriquement parfaits au niveau de l'équité, ou que leur utilisation est toujours sage et efficace. Que peut-on attendre en cette période de transition confuse et de situations nouvelles — cette période où ni les hommes ni les méthodes ne peuvent voir leur efficacité correc-*

---

(120) Earl Russell Browder, homme politique américain (1891-1973) ; Alfred Mossman Landon, homme politique républicain américain (1887-1987) ; Ogden Livingston Mills, homme politique américain (1884-1937) ; John Pierpont Morgan, financier américain (1837-1913).
(121) V.F. Calverton, critique littéraire et historien américain (1900-1940).
(122) Lettre à J. F. Morton du 25.07.1936.

tement évaluée quant aux indispensables étapes à venir ? La plupart des erreurs du New Deal sont celles auxquelles la masse stupide des électeurs l'a contraint. C'est une tâche désespérée que de trouver l'argent nécessaire aux activités gouvernementales civilisées, alors qu'une grande quantité est thésaurisée et détournée vers des canaux socialement inutiles, tels les profits privés. C'est ça le véritable gâchis — permettre au commerce et à l'industrie de la nation de concentrer sur une grande échelle, pour des intérêts privés inutiles, des richesses et des ressources qui devraient logiquement et éthiquement revenir au public pour un usage social. Mais, pour le moment, le troupeau est trop mou pour soutenir une nationalisation immédiate et universelle de l'industrie de base par le gouvernement. Il demande à ce que les ressources soient encore gâchées dans des circuits privés. Ce qui fait qu'aucun gouvernement ne peut accéder au pouvoir sans avoir à tenter de réaliser des choses apparemment incompatibles — la satisfaction du peuple d'un côté, et le maintien de l'industrie et du profit privés de l'autre. Pendant des années, les gouvernements devront continuer cette farce — socialiser de manière imperceptible et en cachette l'industrie sans utiliser le terme socialisme (comme ma génération gâteuse de has-been *tremble à ce nom !), tout en cautionnant volontairement le gâchis et l'inefficacité pour la satisfaction de l'idéal moribond du capitalisme. Nous ne pouvons les blâmer pour cela — car si un parti se déclare lui-même " socialiste ", le troupeau s'en détournera et votera pour un gang de réactionnaires aveugles qui, en l'affamant, le contraindra à une révolution rouge dix fois plus radicale et sanguinaire que le changement tranquille qu'ils rejetaient ! Voilà toute la nature humaine [...] ; quel assemblage que l'homme !* " [123]

L'exposé serait incomplet sans un " couplet " sur les socialistes :

" *Un socialiste peut être une personne bien née qui pense et ressent comme un gentleman, dont la lutte est celle d'un gentleman responsable contre un système (et non pas contre un groupe de gens) qui refuse de façon violente à une partie de la communauté les droits élémentaires que le goût et la logique exigent pour tous. Regardez des leaders populaires comme F.D.R., Bertrand Russell, Karl Marx lui-même, Oliver Baldwin, Norman Thomas, Léon Blum, Rexford G. Tugwell,* [124] *et beaucoup d'autres — tous issus de la frange cultivée de la " classe dominante ", et dont aucun n'est, selon toute probabilité, désireux d'introniser une nouvelle culture en opposition avec les aspects non économiques de leur culture d'origine. (Briffault* [125] *et certains théoriciens d'extrême gauche sont une autre histoire). Des gens de cette sorte sont*

(123) Lettre à Catherine L. Moore d'août 1936.
(124) Oliver Baldwin (1899-1958), homme politique britannique aux convictions socialiste ; Rexford G. Tugwell (1891-1979), homme politique américain, conseiller influent de Roosevelt.
(125) Robert Briffault (1876-1948), écrivain et anthropologue social français installé en Angleterre, qui correspondit notamment avec Bertrand Russell.

plus nombreux chaque année dans les rangs des socialistes, et il s'agit certainement d'une bonne chose. S'il doit y avoir quelque chose qui corresponde à une " guerre des classes ", cela concernera simplement les aspects purement économiques, et ne dégénérera pas en une guerre tragique entre la grossièreté et l'ignorance plébéiennes d'un côté, et le goût, l'esprit et le raffinement patriciens de l'autre. " (126)

Et pour faire bonne mesure, exposé critique du capitalisme :

" Mais la tare principale du capitalisme concerne peut-être quelque chose de plus profond que le principe humanitaire — quelque chose qui a trait à l'hostilité profonde, subtile et envahissante du capitalisme, et du mercantilisme en général, vis-à-vis de tout ce qu'il y a de plus beau et plus créatif dans l'esprit humain. Les affaires et le capital sont les ennemis fondamentaux de la valeur humaine en ce qu'ils exaltent et récompensent l'habileté à acquérir plutôt que la créativité et la supériorité intrinsèques. Les pro-capitalistes sont enclins à s'extasier sur la " libre compétition " en économie qui " récompense le valeureux et sanctionne le faible ". Très bien. Voyons comment le valeureux est récompensé. Faisons une liste de quelques-uns des esprits et des personnalités incontestablement supérieurs du monde capitaliste moderne et voyons si le capitalisme leur a donné ses plus hautes récompenses. Albert Einstein, Romain Rolland, Bertrand Russell, H.G. Wells, George Santayana, Thomas Mann, John Dewey, W.B. Yeats, George Bernard Shaw, M & Mme Joliot-Curie, Heisenberg, Planck, Eddington, Jeans, Millikan, Compton, Ralph Adams Cram, Sigmund Freud, Ignacio Zuloaga, Theodore Dreiser, Julian et Aldous Huxley, le professeur G. Elliot Smith. (127) *Est-ce que ces gens sont les plus riches du monde aujourd'hui ? Et, par le passé, le capitalisme a-t-il récompensé de ses plus grands profits des personnes à la supériorité incontestable comme Poe, Spinoza, Baudelaire, Shakespeare, Keats, etc... ? Ne serait-il pas possible que les véritables bénéficiaires du capitalisme ne soient pas les gens véritablement supérieurs, mais tout bonnement ceux qui choisissent de mettre leur supériorité au service du seul processus d'acquisition personnelle plutôt qu'à celui de l'intérêt collectif ou de l'effort créatif intellectuel ou esthétique [...],ceux-là et ces parasites chanceux qui héritent des fruits de leur supériorité si étroitement canalisée ? " Le capitalisme favorise le progrès technologique, etc. etc. etc... " Très bien, Mr Hoover, mais répondez juste à trois questions du vieil homme : (1) le progrès technologique est-il si important à long terme ? (2) qui réalise les pro-*

---

(126) Lettre à Kenneth Sterling du 18.10.1936.

(127) George Santayana, philosophe américain (1863-1952) ; Werner Heisenberg, physicien allemand (1901-1976) ; Ernst Planck, physicien allemand (1867-1947) ; Arthur Stanley Eddington, physicien anglais (1882-1944) ; Sir James Hopwood Jeans, mathématicien anglais (1877-1946) ; Robert Andrews Millikan, physicien américain (1868-1953) ; Arthur Holly Compton, physicien américain (1892-1962) ; Ralph Adams Cram, architecte américain (1863-1942) ; Ignacio Zuloaga, peintre espagnol (1870-1945) ; Grafton Elliot Smith (1871-1937), biologiste et zoologue britannique.

grès technologiques — les capitalistes, ou leurs inventeurs, ingénieurs et scientifiques sous-payés ? et (3) pourquoi la Russie soviétique non capitaliste a-t-elle dépassé en progrès technologiques la plupart des nations durant la dernière décade ? Qu'est-ce que j'entends comme réponse ? " Oh, la ferme, fichu bolchevique, et arrêtez de poser de questions séditieuses ! " Très bien — laissons l'Histoire résoudre le problème à sa manière. Mais pour ce qui est de la justice ou de la générosité du capitaliste, pfff... laissez-moi rire !" (128)

" Mais le plus drôle dans l'affaire, c'est que tout ceci n'est pas qu'un problème de choix ! Le capitalisme meurt de causes internes autant qu'externes, et ses propres leaders et bénéficiaires sont de moins en moins capables de s'en moquer. Je ne suis pas économiste, mais grâce à mes lectures récentes, j'ai pu me faire une solide idée du dilemme — la nécessité de réduire la quantité de produits de consommation et d'accumuler une pléthore inutile d'équipement de production afin de maintenir un surplus irrationnel appelé profit —, ce qui a obligé des économistes orthodoxes comme Hayek et Robbins (129) *à admettre que seuls, des salaires de misère et une pénurie artificielle pouvaient stabiliser à l'avenir le système du profit et prévenir des dépressions cycliques de plus en plus fréquentes et néfastes. Le laissez-faire capitaliste est mort — il ne faut pas se leurrer. La seule voie de survie que puisse emprunter la ploutocratie est un fascisme militaire et émotionnel par lequel des millions de gens seront retirés de l'arène industrielle et mis au chômage ou dans des camps de concentration aux noms patriotiques extravagants. C'est ça ou le socialisme — choisissez. À long terme, ce ne sera pas le New Deal, mais de simples données naturelles qui seront reconnues comme les véritables et inévitables fossoyeurs de l'Hooverisme. Personne ne va " détruire le système " — car il a commencé à se détruire lui-même depuis qu'il s'est développé en dehors de l'économie agraire et artisanale il y a un siècle et demi ".* (130)

" En ce qui concerne les Républicains — comment peut-on considérer sérieusement ce petit groupe craintif, avide et nostalgique de commerçants et de fainéants chanceux indifférents à l'Histoire et à la science, qui blindent leurs émotions contre toute solidarité humaine digne de ce nom [...] et se révèlent (consciemment ou non) par des affirmations mensongères (comme le fait que la notion de liberté véritable serait synonyme de la seule licence économique illimitée, ou qu'un planning rationnel de distribution des ressources contrarierait quelque vague et mystique " héritage américain " — la supervision économique, le contrôle des prix, " le gouvernement dans les affaires ", etc., reviennent souvent dans l'Histoire coloniale américaine), tout à fait contraire aux faits et sans le plus petit fondement dans l'expérience humaine ? Sur le

---

(128) Lettre à Catherine L. Moore, mi-octobre 1936.
(129) Friedrich August Hayek, économiste autrichien (1899-1992) ; Lionel Robbins, économiste (1898-1984).
(130) Lettre à Catherine L. Moore du 7.02.1937.

plan intellectuel, l'idée républicaine mérite la tolérance et le respect qu'on accorde à la mort. Comme le cadavre bouge encore — il constitue de temps à autre une menace en appelant à l'avidité, à la pusillanimité, à l'inertie, à l'ignorance et au mécontentement —, on doit agir en de telles situations comme on agit habituellement contre des obstacles d'ordre social. C'est simple. Nous savons aujourd'hui que la mécanisation intensive, les transports rapides, et l'organisation du commerce à grande échelle ont comme intensifié et accéléré en la multipliant par mille la tendance naturelle du capitalisme libéral à concentrer les ressources et les opportunités entre les mains de quelques personnes malignes à l'avidité excessive, en dépouillant de plus en plus de gens de toute chance d'offrir leurs services ou leurs capacités contre les moyens d'une existence décente [...]. Le laissez-faire économique d'Adam Smith, d'Herbie Hoover, d'H.L. Mencken et cie n'offre ni le plus léger espoir de soulagement ni la plus vague idée de solution. Les courbes naturelles du " cycle des affaires " s'emballent jusqu'à ce que chaque dépression inévitable se transforme en calamité à l'échelle mondiale pour des millions de gens, et la mécanisation de l'industrie prive de plus en plus de travailleurs, de façon permanente, de tout emploi, les processus de duplication à l'infini permettant de répondre à une demande en quantité illimitée tout en utilisant une main d'œuvre réduite au minimum (l'accroissement de la demande ne signifie pas un accroissement correspondant de la main-d'œuvre). Dans le monde mécanisé du laissez-faire, il n'y aura pas davantage de chance pour quelqu'un d'échanger ses capacités et ses services contre le nécessaire vital que pour un joueur de gagner à la roulette. Pour des millions de gens — et ils seront plus nombreux chaque décennie — il n'y aura jamais plus aucun job " simple " — pas même à l'apogée de la " prospérité des affaires ", lorsque tous les chanceux se trouvent en haut de la vague. En 1928-1929, au sommet du boom américain, il y avait 900000 chômeurs, et de cette multitude, les clochards ou les " inaptes " au travail ne formaient qu'une maigre fraction. La plupart d'entre eux étaient des citoyens tout à fait capables pour lesquels il n'y avait pas de place, dans la vision du monde selon les hommes d'affaire républicains. Depuis, l'efficacité de la mécanisation a été multipliée par deux, voire trois. Si demain nous connaissions un boom du niveau de celui de l'époque Coolidge, où tous les riches et leurs employés chanceux seraient vautrés dans le luxe, il resterait, sous un régime républicain traditionnel, au moins cinq millions de chômeurs. " [131]

Dans une belle envolée, Lovecraft projette ses inquiétudes sur le plan général de l'évolution de la civilisation, et met en garde contre le risque de stagnation — voire pire encore — qu'une dose de " compromis nazis et fascistes " pourrait faire courir à cette dernière.

---

[131] Lettre à Catherine L. Moore d'août 1936.

" Le plus grand péril menaçant le progrès civilisé — outre une guerre d'annihilation — serait l'instauration d'une sorte de système fondamentalement réactionnaire, avec suffisamment de concessions faites à contre-cœur au dépossédé pour le faire effectivement travailler après conditionnement, et ceci en parvenant à repousser indéfiniment l'exigence des masses à voir leurs véritables droits respectés — l'éducation, le social, l'économique — en tant qu'êtres humains dans un monde où les principales ressources ne seraient confisquées par personne.

Le laissez-faire de Hoover, Mills, Mellon [132] *et Mencken n'est qu'une plaisanterie qui n'a même pas à être prise en considération. Le capitalisme non contrôlé est passé. Mais il est possible de mijoter différents compromis à la sauce nazie ou fasciste pour sauver le gros des profits des ploutocrates, en apaisant l'armée grandissante des déshérités au moyen soit d'un petit programme de* panem & circenses [133], *soit d'un système d'emplois artificiellement créés et répartis pour des salaires de misère* [...]. *Un régime de cette sorte, correctement assaisonné de discours cocardiers, de slogans, et d'une proclamation de pure forme prétendant sauvegarder la constitution, pourrait très bien s'avérer aussi stable et populaire que l'hitlérisme — et c'est ce à quoi travaillent, tranquillement et insidieusement, les plus jeunes et les plus astucieux affairistes* [134] *du Parti républicain. Comme ma préférence va à l'alternative plus civilisée du socialisme, je ne peux pas dire que je leur souhaite bonne chance ! "* [135]

Il est clair que " l'alternative la plus civilisée du socialisme " est, pour Lovecraft, celle de Franklin Delano Roosevelt. Il convient pourtant de tempérer son ardeur…

" Mais je suis loin d'être un inconditionnel de l'actuelle administration. Il me semble qu'elle a le double défaut d'un manque d'audace et d'une coordination insuffisante. Elle a trop compté sur des méthodes politiques traditionnelles et a soutenu des actions incompatibles et inefficaces. Elle est encore trop asservie au capitalisme. Sans doute encore maintenant, malgré un penchant instinctif vers la bonne direction, le président Roosevelt est réticent à introduire la dose de socialisme véritable nécessitée par les circonstances. Il tient le langage du capitalisme, et même probablement davantage que ne le souhaite l'opinion publique. Il n'a pas non plus affronté la Cour Suprême ni les autres instances réactionnaires avec autant d'audace et de détermination qu'il aurait pu. Il connaît la voie et suit en cela le peuple, mais il ne se comporte pas assez en leader. Toutefois — quel homme meilleur que lui y a-t-il sur la scène ? Quel autre parti a jamais affiché, même approximativement, l'objectif correct à atteindre ? Si le New Deal ne relance pas le pays, quel autre système peut le faire, ou même simplement l'empêcher de ré-

---

(132) William Andrew Mellon, financier américain, (1855-1937).
(133) En latin dans le texte.
(134) HPL emploie le terme de " babbitt ", nom du personnage principal du roman éponyme de Sinclair Lewis, désignant un arriviste qui n'accorde d'intérêt qu'à l'argent, au mépris de toute valeur intellectuelle.
(135) Lettre à Catherine L. Moore, mi-octobre 1936.

gresser et d'aller se fracasser sur les rochers ? L'Histoire — autant l'ancienne que la contemporaine — montre ce qui se met en place. Le socialisme est inévitable dans un monde industriel mécanisé. Comment y parviendrons-nous ? Par la révolution, peut-être accompagnée d'un effondrement chaotique qui détruira nos plus belles traditions, ou par une évolution progressive, avec la préservation complète de notre mode de vie et de notre héritage culturel ? C'est aux gens de choisir. L'électeur peut observer, analyser et décider quel parti structuré important (à savoir, quel parti qui ait une chance de voir ses candidats élus) représente en fin de compte, même de façon imparfaite, le courant d'évolution sociale et économique que la nation doit suivre. "[136]

Pourtant l'enthousiasme est sous-jacent et lorsque le Président est en campagne, Lovecraft l'a vu en personne.

" Oui — l'orage politique gronde, mais j'espère que rien n'empêchera la ré-élection de l'administration actuelle et ne bloquera l'évolution sociale, depuis si longtemps nécessaire, et qui se met lentement en marche. Les plouto-crates et les réactionnaires aveugles luttent désespérément, en utilisant l'art de la diffamation, de la propagande et de la basse insinuation ; mais j'ai encore bon espoir que le New Deal remporte une belle majorité [...].
Le Président Roosevelt était là le 21 octobre, et j'ai pu l'apercevoir plusieurs fois. Il parla depuis la terrasse de la Statehouse[137] *devant environ 60000 personnes.* "[138]

" À propos — un autre événement de ce génial 22 [sic] octobre fut ma première vision du Président Roosevelt, qui était en ville durant la matinée et qui parla depuis la terrasse en marbre de la Statehouse. Malgré la foule, j'ai pu voir plusieurs fois de près le distingué visiteur dont le futur triomphe semblait parfaitement évident — ma troisième vision d'un chef de l'exécutif, T.R. et Big Bill Taft[139] *étant les deux autres.* "[140]

De fait, la victoire de Roosevelt s'avéra de grande ampleur. Il fut réélu avec la plus large majorité de toute l'histoire des États-Unis : 60,8% des suffrages, contre 36,4% pour Landon.

" En ce qui concerne l'élection de novembre — j'escomptais une brillante victoire, mais son ampleur exceptionnelle m'a surpris et réjoui. Fin octobre, j'avais assisté à un meeting réellement intéressant en faveur du New Deal, avec l'éminent rabbin Wise[141] *de New York comme principal orateur. Il souligna l'inévitable réveil de la conscience publique avec une intuition et une intelligence phénoménales, et mit en évidence l'engourdissement putrescent et l'inutilité des slogans obsolètes et des présupposés fondamentalement artificiels sur lesquels les*

---

(136) Lettre à Catherine L. Moore, août 1936.
(137) Siège de l'assemblée législative d'un État, aux États-Unis. (NdT)
(138) Lettre à Miss E. Toldridge du 29.10.1936.
(139) Theodore Roosevelt et William Howard Taft.
(140) Lettre à J. F. Morton de mars 1937.
(141) Homme politique et religieux américain, le rabbin Stephen Wise (1874-1949) fut président du Congrès juif américain.

réactionnaires basent leurs lamentables protestations. Je m'imagine très bien les Nazis de Wall Street d'Hoover et d'Ogden Mills le maudissant en tant que dangereux intellectuel non aryen !

À l'aube de l'élection j'ai fait — pour la seconde fois de ma longue vie — ce que j'avais fait durant la nuit du 7 au 8 novembre 1916, lorsque Hugues et Wilson étaient en ballottage (" il nous gardera de la guerre ") [...], je me rendis à la dernière séance de cinéma où les résultats de l'élection étaient annoncés. Les résultats nationaux furent rapidement évidents, mais les chiffres par État et par ville (une nette poussée démocrate) mirent plus longtemps à parvenir. Lorsque la séance fut terminée — à deux heures quarante-cinq du matin — il n'y avait plus le danger d'une inversion tardive des résultats, comme ce fut le cas il y a vingt ans. À cette occasion, vous vous en souvenez, la nation alla se coucher en croyant Hugues élu, mais vit cette certitude balayée le lendemain. Tout compte fait, ce triomphe récent veut bien dire ce qu'il signifie. La faiblesse de l'argumentation, les niaiseries évidentes, les accusations absurdes, et les manœuvres parfois douteuses de l'ennemi se retournèrent contre lui, tandis qu'un obscur instinct de bon sens sembla brider les radicaux extrêmes du Front Populaire et les empêcha de gaspiller leurs votes sur des candidatures de toute évidence sans espoir. Je m'amuse de voir l'état d'abattement des discrètes reliques réactionnaires dont je suis entouré — la clique des vieilles familles de Providence, de l'idéologie passéiste de laquelle il m'est impossible de détourner ma tante.

Pendant la durée de cette campagne électorale, je fus sacrément près de me retrouver avec une querelle de famille sur les bras ! Pauvres vieilles autruches ! Tremblant pour la sécurité de la République, elles pensaient vraiment que leur bien aimé Langston, ou Langhorne ou Lemeke (ou quel que soit le nom qu'il porte) avait une chance ! L'intelligentsia universitaire ne se montra cependant pas aussi aveugle. [...] Eh bien — même le plus têtu finira par admettre un jour que le cours de l'évolution sociale ne peut pas être indéfiniment contrarié. " (142)

" La récente élection m'a grandement satisfait, puisqu'elle semble montrer un certain degré de conscience et de cohésion chez la population — qui, si elle persiste dans cette voie, pourra tenir la réaction en échec et effectivement franchir les obstacles dressés sur la route de la nationalisation, de l'industrie sans profit, des salaires fixés par le gouvernement, des situations garanties, et des autres mesures sociales nécessaires pour assurer à notre civilisation un nouvel équilibre prenant en compte la mécanisation, les connaissances modernes, et les nouvelles valeurs et perspectives qui en découlent. La conscience collective doit certes être remodelée très progressivement. Il est légitime de demander maintenant bien davantage qu'auparavant, mais il y a refus du

---

(142) Lettre à J. F. Morton de mars 1937.

mot " socialisme " et de l'idée pure et simple de propriété publique. C'est naturel — et il faut consolider les avancées actuelles et préparer la conscience publique — lentement mais en faisant preuve de persuasion — à une nouvelle et inévitable étape. L'homme de la rue est prêt à essayer quelque chose de nouveau quand il a compris qu'il n'existe visiblement qu'une seule alternative à un échec définitif. C'est déjà arrivé avec le laissez-faire capitaliste d'Hoover — dont la majorité des gens réalise maintenant qu'il ne pourrait exercer qu'une influence oppressive. L'ensemble des citoyens doit maintenant avoir l'occasion de tester les mesures modérées de régulation gouvernementale proposées. Voyons ce que donnent ces mesures, comme nous avons vu avant 1933 ce que donnait l'hoovérisme. Si dans quelques années ils trouvent que le contrôle du capitalisme ne peut leur assurer la rémunération régulière et convenable et la sécurité qu'ils demandent fort légitimement, ils seront prêts à oublier leur peur du mot " socialisme " et à demander l'absorption graduelle par le gouvernement des grandes industries, une à une, dans la mesure où elles seront incapables de remplir les exigences d'une organisation sociale moderne. [...].

En ce qui concerne la situation du président Roosevelt — cela m'étonnerait beaucoup qu'il veuille jouer les réactionnaires. Il sait que le changement doit venir progressivement, et que les objectifs immédiats doivent porter des noms rassurants. Pour l'heure, il est recommandé de s'attaquer le moins possible au capital, puisque ce dernier est voué à fonctionner sous le contrôle du gouvernement — c'est l'ultime limite que le peuple dans son ensemble veut encore imposer. Le compromis est à l'ordre du jour. Le gouvernement et les travailleurs doivent travailler tranquillement de concert, tout en paraissant indépendant l'un de l'autre. Laissons les travailleurs exiger beaucoup, et laissons alors un gouvernement techniquement impartial aider à des solutions. Les gens dans leur ensemble ne peuvent pas soutenir directement les travailleurs — mais ils soutiendront un gouvernement qui restera apparemment neutre et qui fera en sorte que les travailleurs obtiennent progressivement leur part. Plus tard, les travailleurs seront capables de demander plus directement leur soutien aux gens — et là nous verrons pas mal d'ouvertures dans ce sens de la part des Démocrates libéraux. J'imagine qu'une grande prudence sera de mise avant de présenter un simple travailleur — même quelqu'un d'énergique et de compétent comme Lewis [143] *— à la candidature suprême, car une telle figure pourrait faire fuir des millions d'électeurs effarouchés et les jeter dans le camp d'un candidat réactionnaire. Toutefois, on verra peut-être plus d'un président ouvertement issu du monde du travail pendant la durée de la plus jeune génération actuelle. "* [144]

(143) John L. Lewis, syndicaliste américain (1880-1969).
(144) Lettre à Henry George Weiss du 3.02.1937.

Dans une de ses dernières lettres, Lovecraft, comme mû par un pressentiment inconscient, fait une ultime revue de détail de la situation :

" *Les événements vont vite, et la formidable victoire de novembre dernier a tellement sonné l'ennemi que je ne crois pas que, désormais, le point de vue du Républicain barbare puisse à nouveau être pris en considération aux États-Unis. Les objectifs civilisés seront conduits avec une telle détermination jusqu'en 1940 que la majorité des gens ne se laissera pas à nouveau embobiner pour voter pour l'injustice, la famine et la misère. Ce n'est pas simplement qu'ils se révolteraient si l'Hooverisme leur tombait dessus. C'est qu'ils ne permettront jamais plus qu'il ne leur tombe dessus. Le seul moyen par lequel la poignée des adorateurs de l'argent pourrait reprendre le pouvoir serait celui d'un mouvement fasciste astucieusement organisé autour de facteurs émotionnels primitifs de type hystérico-religieux (en brandissant le drapeau, en excitant les chrétiens contre " l'intellectualisme juif ", en dressant les Américains de souche contre la démocratie " catholico-irlando-juive " (ou contre tout élément étranger prédominant dans un quelconque secteur spécifique), en excitant les catholiques contre " le communisme matérialiste ", en opposant la fierté provinciale aux " innovations européennes décadentes ", etc... etc... ou celle d'une révolte armée avec un soutien étranger comme pour le général Franco en Espagne. En considérant le peu de probabilité d'une révolution à la Franco des partisans d'Hoover, de Mellon, et des banquiers obséquieux, et en constatant que — malgré le Coughlinisme, la* Black Legion, *les* Silver Shirts [145] *et le K.K.K. — le sol de l'Amérique se montre peu fertile pour une quelconque variante du nazisme, il semble bien que la ploutocratie insouciante ait vécu ses derniers jours aux États-Unis. Il a fallu des générations pour que les gens se rendent compte qu'ils ont été trompés ; mais une fois désillusionnés, il est peu probable qu'ils se laissent à nouveau duper. Le Républicanisme à l'ancienne est hors de combat pour de bon — même si des réminiscences confuses et altérées de ce dernier constitueront une minorité relativement inoffensive qui grommellera, comme les royalistes en France et les Jacobites, au XVIII*ème *siècle, en Angleterre. Les véritables enjeux de demain sont entre les tenants du capitalisme contrôlé (Roosevelt, La Follette) qui peut ou non (ça arrivera certainement, encore que beaucoup de libéraux actuels le nient) évoluer vers un socialisme rationnel, et les partisans d'un mouvement soudain et violent vers une forme de communisme marxiste orthodoxe. Un très grand nombre des penseurs de la jeune génération est en faveur d'un mouvement communiste, car certains sociologues considèrent que l'élément idéaliste de l'ordre mourant constituera toujours une barrière fatale à un progrès perma-*

---

(145) Ces mouvements fascistes américains des années 30, amateurs de défilés paramilitaires, ne parvirent jamais à s'imposer politiquement.

nent à moins d'être empêché de nuire par la manière forte. Cependant, je ne partage pas ce point de vue ; car je crois que l'idée et la perspective d'une révolution progressive et tranquille ont fait leur chemin chez le plus grand nombre, de sorte que les tentatives des réactionnaires ne remporteront jamais autre chose que le genre de quolibets qu'ils ont obtenus en novembre. Il y aura certes des frictions, mais guère de danger — et au fil du temps la sagesse dictera de choisir une évolution paisible et progressive plutôt qu'un bouleversement destructeur au plan culturel. Laissons les capitalistes durer (soumis à une taxation et un contrôle gouvernementaux appropriés) encore une génération ou deux plutôt que de plonger la nation dans un bain de sang et risquer la destruction des meilleures composantes de notre culture héréditaire. L'industrie devra être nationalisée par étapes, et seulement lorsque les gens seront prêts à soutenir les différents mécanismes d'absorption. Le gouvernement devra imposer les horaires et les salaires, et veiller au plein emploi. Si l'industrie privée est capable de remplir de telles exigences, très bien. Sinon — et c'est probablement ce qui se passera — la nationalisation sera décidée. Et après qu'il aura été prouvé que rien en dehors de la nationalisation ne peut perpétuer des conditions supportables, la masse approuvera si fortement la nationalisation (ce qu'elle ne ferait pas aujourd'hui) qu'aucun intérêt privé ne pourra faire obstacle à sa tranquille adoption. Cela se manifestera sans doute de différentes façons. En certains endroits, l'industrie privée sera rachetée par le gouvernement à un prix raisonnable — ailleurs une industrie socialement et pénalement coupable sera saisie après un procès en bonne et due forme — et ailleurs encore, le gouvernement trouvera judicieux d'investir une certaine partie du terrain en tant que concurrent et d'éliminer l'industrie privée en vendant, sans bénéfices, au plus bas prix. L'une après l'autre — et sans interruption du cours normal de la vie de l'Amérique. Pas de saisies de maisons, ni de propriétés privées non industrielles de taille raisonnable (les investisseurs des industries privées peuvent être correctement indemnisés par des compensations gouvernementales lors de la nationalisation), pas d'ingérence dans la libre éducation, la recherche et la tradition intellectuelle et artistique, pas de martèlement officiel de théories scientifiques ridicules et erronées, pas d'ingérence dans la vie privée ni d'imposition de punition arbitraire, pas de tentatives de dissocier l'importance de la récompense de celle du service, pas de campagne contre l'amélioration de la civilisation (au lieu de ça, une dissolution du lien fallacieux entre le concept de culture et celui d'aisance économique, appuyée par une campagne d'éducation des masses sur une échelle sans précédent, menée avec détermination et discernement), et par-dessus tout, pas de massacre de masse ni de misère généralisée à l'instar de ce

que l'on a vu dernièrement en Russie et que l'on voit encore maintenant en Espagne. Il y aura beaucoup de corruption et d'inévitables frictions — mais le résultat final ne pourra pas être pire que celui de la folle orgie du capitalisme moribond (où la corruption est pour l'heure légalisée sous le nom de profit privé) ou les désordres sanglants de la révolution marxiste. C'est pour un tel dessein que je préfère travailler — et je crois que les obstacles ne sont pas insurmontables.[…] L'attitude que vous soulignez — celle de s'accrocher aveuglément à tout ce qui assure les conditions immédiates du plus grand confort et les contacts sociaux les plus agréables durant les heures de travail, sans se préoccuper des conséquences pour le gros de la population — est véritablement très ca-
ractéristique, mais je ne pense pas que cela soit d'une grande impor-
tance car les besoins immédiats de la majorité de la population (pas sim-
plement la plupart des gens convenables ou la plupart des snobs) ne se trouvent pas du côté de la réaction, mais du côté d'un changement ra-
tionnel. Pour chaque Caspar Milquetoast [146] *bien nourri dont le confort personnel est assuré par la prospérité de sa compagnie qui lui octroie un gros salaire, il y a une centaine ou deux de John Smith dont le bien-être personnel (c'est-à-dire ce qui rend l'existence supportable) dé-*
pend de la réglementation gouvernementale du nombre d'heures travail-
lées, des salaires, des taux, etc... et peut-être de la nationalisation de cette compagnie par le gouvernement. Maintenant les John Smith com-
mencent à savoir où se trouve leur intérêt, et ils agiront comme le font les Caspar — en défendant aveuglément ce qui les sert personnellement le mieux — et lorsque leurs millions de votes seront décomptés face à ceux des Caspar, le résultat ne sera pas difficile à prédire. Cette ten-
dance est plutôt favorisée par le fait que tous les bénéficiaires surpayés du capitalisme ne sont pas des Caspar. Quelques-uns peuvent raisonner, et voir que le capitalisme est automatiquement condamné par le cours naturel de l'économie à moins d'être défendu par les baïonnettes fas-
cistes (encore que certains de ces raisonneurs se contentent cyniquement de hausser les épaules en criant après nous, le déluge [147]*) ; quelques-uns comprennent que leurs capacités seront aussi bien récompensées au service du gouvernement (même si les officiels arborent des cravates criardes et sont affublés d'accents peu distingués) qu'à celui des profi-*
teurs privés, alors que quelques autres possèdent une réelle vision so-
ciale et partagent le dégoût du savant, de l'esthète et du gentleman pour un système instable et chancelant fondé sur les mensonges, les illusions, l'hypocrisie, et sur un égal mépris de la condition humaine et de la ré-
flexion à long terme. Le nombre de ces derniers n'est d'ailleurs pas à sous-estimer — malgré l'attitude satisfaite du bourgeois typique, les rangs des penseurs sociaux sont constamment alimentés par des gens

(146) Personnage de dessin animé créé par Harold Webster en 1924, caractérisé par sa douceur et sa pusillanimité.
(147) En français dans le texte.

venant des classes privilégiées... la" gentry ", la ploutocratie, les commerçants et leurs salariés, les fonctionnaires, etc... La politique générale du Harper's *— magazine pourtant d'obédience franchement aristocratique — penche vers l'aspect intellectuel du New Deal de la gauche politique, alors que les véritables penseurs de toutes les classes universitaires depuis 1930 sont très majoritairement libéraux. Pratiquement tous les auteurs et critiques de valeur des États-Unis sont des radicaux — Dreiser, Sherwood Anderson, Hemingway, Eastman, O'Neill, Lewis, Maxwell Anderson, MacLeish, Edmund Wilson... la liste est sans fin. Il serait plus court et plus facile de lister les bons écrivains qui ne sont pas de gauche ! Dans les rangs de la " gentry ", de la ploutocratie et du fonctionnariat, un jeune penseur après l'autre réclame un changement social, important ou modéré — Corliss* [148], *Oliver Baldwin […], etc... etc... etc... là encore il suffit simplement de réfléchir un moment pour remplir la page de noms illustres. La crème des intellectuels — cette sorte de cerveaux non assujettis au luxe et à l'intérêt immédiat, se départit lentement d'une aveugle loyauté de classe vers une position plus juste dans laquelle la structure équilibrée et la stabilité permanente de tout l'organisme social deviennent sa préoccupation primordiale. Ce qui est arrivé juste avant les révolutions française et russe arrive maintenant — les penseurs, les artistes et les savants changent de côté, cessent leur soutien à l'ordre moribond, et se préparent à devenir les dirigeants, les guides et les administrateurs du peuple en lutte pour des réajustements désespérément nécessaires. Lorsque les ploutocrates livreront leur dernière bataille — à supposer qu'il leur reste encore assez de vitalité pour la livrer — ils découvriront que leur vieil avantage n'existe plus. Ils ne trouveront plus à leur merci une horde enfantine sans défense, ignorante et intellectuellement désorganisée. Au lieu de ça, ils seront face à une armée, de plus en plus consciente d'elle-même, formée de citoyens déterminés, encouragés, soutenus, et encadrés par les meilleurs cerveaux et les meilleurs administrateurs de la nation — par une équipe de dirigeants dotés d'une conscience sociale issus de la " gentry ", de la ploutocratie et des milieux professionnels.*

Je ne peux approuver votre remarque sur la répugnance naturelle " à détruire le système qui nous soutient ", parce qu'aucun réformateur rationnel ne veut détruire un quelconque système qui soutiendrait tout honnête travailleur. Tel que je le vois, votre erreur tient à ce que vous affirmez que c'est le système ploutocratique mourant qui vous soutient — une erreur très fondamentale et cruciale, quand on y réfléchit. Rien, en réalité, ne peut être plus éloigné de la vérité. Pour autant que votre cas personnel soit concerné — si j'en juge correctement, vous êtes un

(148) Sherwood Anderson, écrivain américain (1876-1941) ; George Eastman, inventeur et industriel américain (1854-1932) ; Maxwell Anderson, dramaturge américain (1888-1959) ;. Archibald MacLeish, poète américain (1892-1982) ; Edmund Wilson, critique américain (1895-1972), qui s'intéressa à l'œuvre de Lovecraft ; Corliss , philosophe, écrivain et poète américain (1902-1995).

expert dans certains domaines financiers, comptables et d'administra-
tion [...]. Vous supposez alors que ces services seraient moins néces-
saires, où qu'ils seraient moins correctement récompensés dans une en-
treprise contrôlée ou possédée par le gouvernement que dans le
contexte de l'entreprise privée à but lucratif ? Quelle différence cela fe-
rait-il que la juste rétribution à votre travail intellectuel de haute qua-
lité vienne du gouvernement américain ou d'un financier privé ? Les
seuls perdants dans une rationalisation seraient les raffleurs de divi-
dendes qui obtiennent quelque chose en échange de rien, et les quelques
cadres supérieurs qui bénéficient de salaires disproportionnés par rap-
port aux services effectivement rendus. Une telle rationalisation consti-
tuerait-elle un " renversement du système qui assure vos moyens d'exis-
tence " ? Je ne peux croire qu'il en serait ainsi. Je ne peux croire que
ce socialisme nuirait à celui qui veut travailler et attend une juste rétri-
bution du travail fourni — comprenant des garanties raisonnables pour
ses vieux jours et les périodes de chômage ou d'incapacité. [...] Le
communisme générerait certes des chocs pour le moins déconcertants
— mais il n'y a aucune destruction ni dislocation violentes dans la dé-
marche progressiste contrôlée dont les différentes étapes sont représen-
tées par le New Deal, les La Follette, et autres Norman Thomas. " (149)

Une des dernières lettres de Lovecraft demeure comme un point d'in-
terrogation :
" Les prochaines années, en Amérique, seront très intéressantes à obser-
ver. Je conviens avec vous qu'il faut attacher une grande importance à
l'influence du monde du travail organisé dans ses formes les plus mo-
dernes —tel que représenté par John L. Lewis. Pour arracher les conces-
sions nécessaires à une meilleure distribution et un meilleur contrôle des
ressources, une alliance compacte et efficace des salariés, capable d'une
action unifiée lorsque nécessaire, pourra même agir plus efficacement
que le large électorat concerné. Grâce à la fois aux grèves et à l'action
politique de masse, une grande pression peut être exercée de façon par-
faitement légale — et avec une organisation plus sage et plus intelli-
gente, il y aura moins de chance que la pression s'applique de façon in-
juste ou peu judicieuse (à savoir permette d'obtenir dans certains cas
des avantages économiques qui pourraient sur le moment s'avérer ex-
cessifs, ou hors de proportion avec les avantages obtenus dans d'autres
branches de l'industrie moins efficacement organisées). Le monde du
travail, agissant dans le respect de la loi et selon l'esprit d'une nation li-
bre, présente bien davantage de possibilités que ce que beaucoup
avaient supposé jusque-là. Dans le passé, il a été handicapé par un mé-
diocre leadership et une organisation confuse, parce que les meilleurs

(149) Lettre à Catherine L. Moore du 7.02.1937.

esprits de la nation, pensant sincèrement que ses exigences et ses méthodes étaient injustifiablement drastiques, ont eu tendance à s'allier avec le capital contre lui. La génération actuelle est témoin du changement. Aujourd'hui, les penseurs désintéressés et les leaders formés hors du mercantilisme sont arrivés à de nouvelles conclusions face à l'évidence et par une étude plus approfondie du passé, ce qui fait qu'ils changent progressivement de camp. Cela fera toute la différence dans le monde. Le mécanisme de pression sans scrupule et les officines d'entrave à la législation à la solde du capital organisé ne pourront plus se frayer un chemin facile, avec seulement quelques naïfs maladroits pour tenter de les en empêcher. Enfin, le gouvernement invisible de l'argent sera contré par une opposition formée de cerveaux d'une puissance, d'une expérience et d'une compétence équivalentes. Et avec cette opposition efficace, le venin et l'entêtement réactionnaires causeront probablement moins de tort qu'ils en avaient l'habitude. Je doute que le mouvement catholico-fasciste grandissant continue à progresser en Amérique. Tout comme le communisme, il est trop dogmatique et international pour être avalé par un peuple fort et libre. Il peut gêner l'utilisation du mot " socialisme ", mais il peut bien peu de chose contre la demande concrète et pratique d'un travail garanti et d'une rémunération décente, et de tout ce qui est nécessaire pour les assurer. Je ne crois pas qu'un général Franco pourrait trouver assez de sympathisants dans tous les États-Unis pour lever une armée fasciste efficace. Seize millions de gens votèrent Républicain — mais oseraient-ils déclencher une révolte armée contre ceux qui sont déterminés à aller de l'avant ? " (150)

(150) Lettre à Henry G. Weiss du 3.02.1937.

Chapitre IV

LA POLITIQUE EXTÉRIEURE DES ÉTATS-UNIS

Elle se décline dans trois grands thèmes : la Première Guerre mondiale, la montée du fascisme et de l'hitlérisme en Europe et les tensions des relations américano-asiatiques.

Dans deux lettres (respectivement de 1929 et 1931), Lovecraft livre ses sentiments sur le pacifisme, ainsi que sur le caractère inévitable et le degré de destruction de la guerre.

" Avec des efforts et de la bonne volonté, il semble tout à fait possible de réduire le nombre de guerres en dessous de ce qui se faisait avant — en étudiant les causes de friction et en ajustant au mieux les exigences antagonistes. Mais il existe des causes de troubles plus profondes et importantes, concernant la philosophie fondamentale de la vie et les combats essentiels pour la suprématie et la survie, auxquelles il n'est pas imaginable de trouver de solution autre que l'affrontement physique. Et quel affrontement, avec la multiplication des engins de mort produits par l'âge de la machine ! Bien sûr, ces conflits seront pires à chaque fois, et on peut penser qu'ils auront peu de chance de se répéter au cours de la durée d'une génération ayant souffert de l'un d'eux. Cependant, les générations de survivants disparaissent, et de nouveaux groupes de dirigeants arrivent ne possédant pas l'expérience personnelle qui leur donnerait véritablement horreur de la guerre. Cette nouvelle génération encore intacte considèrera le problème de manière abstraite, et verra la guerre comme un moyen possible d'obtenir ce qu'elle ne peut pas avoir autrement. " [151]

" Le pacifisme en tant que principe éthique — le sentimentalisme du style " ne tirez pas sur le p'tit garçon à sa maman " — est ridicule, et considéré comme tel par la majorité. Mais les arguments démontrant le caractère non profitable du conflit ultramoderne, compte tenu des dévastations presque certaines qu'il entraîne, sans commune mesure avec celles des guerres antérieures, et subies au même degré par tous les belligérants, sont des plus évidents, et peuvent très bien avoir pour effet de dissuader

(151) Lettre à Woodburn Harris du 9.11.1929.

beaucoup de nations de précipiter des conflits qui seraient autrement survenus. Ces arguments ne peuvent jamais constituer une garantie contre une nation qui se sent assez puissante pour espérer une victoire rapide contre tous ses adversaires possibles ; mais ils peuvent largement diminuer les risques de conflits majeurs et pousser les hommes d'état à tenter tous les autres moyens avant de recourir à une guerre qui risquerait d'apporter davantage de pertes que de gains. " (152)

(152) Lettre à J. F. Morton du 18.01.1931.

Chapitre V

LA PREMIÈRE GUERRE MONDIALE

Rappelons tout d'abord la position des États-Unis durant cette guerre. Au début du conflit, le Président Woodrow Wilson afficha une politique de stricte neutralité. Bien que les États-Unis aient entretenu de forts liens avec l'Angleterre, Wilson avait affaire dans le pays à beaucoup de gens nés en Allemagne et en Autriche. D'autres leaders politiques influents plaidèrent d'ailleurs avec force pour que les États-Unis restent en dehors du conflit.

Mais l'opinion publique s'étant durcie après le naufrage du *Lusitania*, paquebot britannique qui, chargé de passagers (et d'armes), fut torpillé par un sous-marin allemand au large des côtes d'Irlande le 7 mai 1915, causant la noyade de près de mille deux cents personnes, le Secrétaire d'État pacifiste, William J. Bryan, démissionna. Woodrow Wilson le remplaça par le pro-Alliés Robert Lansing et annonça également un accroissement des forces armées américaines. Toutefois, lors de la campagne pour l'élection présidentielle de 1916, Wilson insista sur sa politique de neutralité et son équipe se servit à nouveau du slogan : " Il maintient les États-Unis à l'écart de la guerre ".

Le 31 janvier 1917, l'Allemagne annonça une nouvelle offensive sous-marine. Woodrow Wilson répondit en rompant les relations diplomatiques avec l'Allemagne et, deux mois plus tard, le 2 avril, demanda l'autorisation d'entrer dans la guerre. Le Sénat l'approuva le 4 avril par 82 voix contre 6, et deux jours plus tard, le Congrès fit de même par 373 voix contre 50. Voulant éviter les alliances, le conflit fut décrété spécifiquement contre le gouvernement allemand (plutôt que contre ses sujets) : Wilson insista pour que les États-Unis soient une puissance " associée ", plutôt qu'un membre des Alliés à part entière.

Les États-Unis entrèrent donc dans la guerre le 6 avril 1917.

Après la fin du conflit, quatre ans plus tard, un texte critique de Lovecraft, *At the Root*, analyse la situation.

" Il y a quatre ans, une grande partie du monde civilisé fut victime de méprises biologiques qui peuvent, dans un sens, être tenues pour responsables de l'extension et de la durée du conflit actuel. Ces méprises, qui constituaient les fondements du pacifisme et des autres formes pernicieuses du radicalisme sociopolitique, s'accordèrent avec la capacité qu'a l'homme d'évoluer mentalement au-delà de son état passé de dépendance envers ses instincts primaires et sa pugnacité, et de mener ses affaires et ses relations inter-raciales d'après des principes de raison et de bienveillance. La confiance en une telle capacité, peu scientifique et puérilement naïve, n'est pas en question. Le fait est que la partie la plus civilisée du monde, comprenant notre propre domaine anglo-saxon, a entretenu assez de ces notions pour que la vigilance militaire se relâche, a insisté fortement sur des points d'honneur, a placé la confiance dans des traités, et a permis qu'une nation puissante et sans scrupules jouisse d'une indulgence sans bornes et sans suspicion pour préparer pendant presque cinquante années la mise à sac et le massacre du monde entier. Nous récoltons les résultats de notre simplicité. [...]
Il n'est rien de plus dangereux que d'écouter ceux qui combattent actuellement l'idée d'une poursuite de l'armement du pays après la clôture des hostilités. " (153)

En ce qui concerne la Première Guerre mondiale, les lettres lovecraftiennnes à notre portée sont postérieures de quelque dix-huit ans à l'événement. Le 8 novembre 1933, Lovecraft écrit à J. Vernon Shea et justifie l'entrée dans la guerre des États-Unis :

" J'aurais certainement considéré tout Anglo-Saxon comme coupable s'il n'avait pas mis de lui-même sa pleine et entière capacité physique à la disposition de sa nation. Ce n'est pas se montrer " vindicatif " qu'être déterminé à ne pas voir son propre groupe désavantagé et contraint au déclin et à la désagrégation. Les conséquences d'une victoire allemande lors de la dernière guerre auraient été presque fatales pour nous — tout comme notre victoire a été presque fatale pour les Allemands. Si nous leur avons remué le couteau dans la plaie, imaginez comment eux, victorieux, nous l'auraient remué ! Quiconque ayant compris l'état d'esprit allemand de 1914, peut comprendre quel coup fatal une victoire allemande aurait porté à la civilisation anglo-saxonne. C'eut été la première étape d'une sape graduelle, avec les influences allemandes profitant de toutes les occasions pour augmenter leur puissance et leur suprématie. La France se serait retrouvée dans la sphère d'influence allemande, et tôt ou tard la progression de la colonisation allemande en Amérique du Sud aurait créé des problèmes au

(153) *À la racine*, in *Lovecraft*, tome 3, p. 1248-9, Collection Bouquins, Robert Laffont.

Nouveau Monde. […] Si l'Amérique n'était pas entrée en guerre, l'Allemagne aurait vaincu et, de fait, cette victoire aurait entraîné pour la plus grande partie du monde associée à l'Amérique, des conséquences désastreuses. Il en aurait résulté une Allemagne à la puissance irrésistible, aux politiques fondamentalement incompatibles avec celles de ses rivaux potentiels, et subir des agressions de la part de ce nouvel empire mondial dilaté n'aurait été qu'une question de temps. En fait, une guerre entre l'Amérique et l'Allemagne victorieuse aurait été inévitable, et nous n'aurions eu pour alliés dans cette guerre que les nations craintives et vaincues. La défaite et le désastre américains auraient été plus que probables, et en tout cas la guerre aurait été beaucoup plus sanglante pour la nation qu'à l'époque où l'Amérique a choisi l'épreuve de force. Une fois que la guerre a commencé et s'est étendue, l'Amérique fut bien avisée d'intervenir. "

Mais il ne donne pas nécessairement quitus à l'administration Wilson :
" Regardez le manque de préparation, lamentable et scandaleux, des États-Unis quand ils sont entrés dans la Grande Guerre ! Supposez que cette situation d'urgence ait été une soudaine invasion nippo-mexicaine (comme cela pourrait nous arriver un de ces jours) [154] *au lieu d'un conflit lointain avec les Alliés qui tenaient déjà l'ennemi à distance ? Je vous laisse imaginer la situation ".* [155]

Et, comme à l'accoutumée, l'écrivain, dont c'est le privilège, se dédouble pour faire une analyse :
" La grande guerre considérée dans son ensemble constitue l'une de ces luttes naturelles et inévitables que l'avidité humaine rend ici et là nécessaire, et qui ne peuvent jamais être totalement éliminées même s'il est possible, par la raison, d'en réduire grandement le nombre. Dans cette grande confusion, l'Allemagne figura certainement parmi les plus décidés à en découdre, mais elle ne fut assurément pas la seule et unique coupable, ainsi qu'elle fut dépeinte durant quatre années hystériques par notre grotesque et puérile propagande. L'effort systématique des Alliés pour conférer à une guerre dont la responsabilité était pratiquement partagée à 50% un statut de " croisade morale " sans précédent, avec l'Allemagne dans le rôle du lépreux et de l'Antéchrist, constitua un monument de tromperie bruyante et morbide, empestant la décadence contemporaine. Cela m'a rendu malade à l'époque, et me rend malade encore aujourd'hui — et Dieu sait pourtant que je ne suis pas pro-allemand. J'ai vu ce conflit comme un affrontement naturel entre deux puissances égales — l'Allemagne heureuse d'y voir une occasion d'accéder à la première place, de s'assurer le contrôle des mers et d'un

(154) Lovecraft évoque ici d'une part les problèmes d'immigration des Japonais aux USA, et d'autre part, les démêlés avec le Mexique au sujet de Pancho Villa.
(155) Lettre à J. Vernon Shea du 8.11.1933.

empire colonial, et nous de trouver un prétexte pour repousser l'Allemagne à l'arrière-plan afin d'éliminer un danger potentiel et un rival presque certain. Une fois la crise éclatée, je n'ai eu aucun problème d'allégeance. " (156)

Le 8 janvier 1918, le Président Woodrow Wilson présenta au Congrès son plan de paix en quatorze points, concocté par un groupe d'experts en politique étrangère. La majorité des pays impliqués dans la guerre s'opposèrent à certains d'entre eux. Pourtant, lorsque les négociations de paix débutèrent en octobre 1918, Wilson, qui était présent à la Conférence de Paris et aida à la mise en œuvre du Traité de Versailles, insista pour que ses quatorze points servent de base à la signature de l'Armistice. Toutefois, les Républicains, majoritaires au Sénat, refusèrent de ratifier le Traité. " *À ma très grande surprise et à ma stupéfaction, les hypocrisies de 1914-18 furent entretenues jusqu'en 1919, et dictèrent les termes majeurs du Traité de Versailles. L'Allemagne fut solennellement et officiellement déclarée " coupable " de quelque chose dont les autres puissances étaient " innocentes ", et chargée de pénalités si précises et si pesantes qu'aucune nation n'y répondrait sans effondrement financier désastreux et sans dépression morale générale. Le reste est de l'Histoire.* " (157)
Bref, si Lovecraft a approuvé l'entrée en guerre, il n'en est pas de même de sa conclusion…

Pour lui, le caractère absurde du Traité de Versailles, qui conclut la Première Guerre mondiale, explique l'attitude d'Hitler :
" *L'essentiel des harangues d'Adolf étaient des révoltes patriotiques contre l'injuste fardeau de Versailles — et quand on pense à ces fardeaux, avec sa morbide psychologie sous-jacente, il n'était pas nécessaire d'être un mauvais Anglais pour ressentir que ce type disait la vérité et qu'il exigeait ce que commandait le patriotisme le plus solide. […] Sa vision est romantique et immature, et teintée par un caractère émotif qui ignore la réalité. Tout mauvais que soit le compromis de Versailles, il implique un équilibre complexe qui ne peut être modifié, même légèrement ; de ce fait, toute tentative trop hâtive et précipitée d'annulation déclencherait probablement une chaîne sans fin de complications guerrières.* " (158)

(156) Lettre à J. Vernon Shea du 25.09.1933.
(157) Lettre à J. Vernon Shea du 25.09.1933.
(158) Lettre à J. Vernon Shea du 25.09.1933.

Chapitre VI

HITLER ET LA MONTÉE DU FASCISME
EN EUROPE

L'extrait précédent nous amène à la période hitlérienne, qui eut un impact important aux États-Unis, de par sa nature même et de par les conséquences qu'elle induisait. Lovecraft a beaucoup écrit sur Hitler et sur le nazisme.

" *Au sujet du bel Adolf — en disant qu'il est sincère, et qu'il y a une certaine base derrière quelques-unes des attitudes qu'il adopte, je ne voulais pas dire que son programme actuel n'est pas extrémiste, grotesque, et à l'occasion barbare. Sa tentative de bannir toute la littérature qu'il n'apprécie pas n'a évidemment rien de civilisé — alors que ses théories ethnologiques (à distinguer de toute défense d'une culture purement aryenne) sont contraires aux vérités les mieux fondées de la science. Je doute qu'il soit réellement juif — car c'est le genre d'histoire que l'on entend habituellement dans ces cas. Ce serait vraiment trop dramatique s'il représentait effectivement le groupe qu'il combat.* " [159]

" *Le pauvre Adolf a de toute évidence en tête le mauvais remède. Il veut détrôner la raison et lui substituer la confiance aveugle et l'exaltation mystique, au lieu de pousser la raison à ses limites et d'obliger les pseudo-intellectuels à se détruire eux-mêmes par l'efficace processus consistant à penser en profondeur les choses jusqu'à atteindre leur amère extrémité conservatrice — à savoir qu'il attaque directement la civilisation en réduisant la liberté de pensée et d'expression sur laquelle elle repose à l'origine. Tout cela est malheureux et ridicule — aucun analyste véritablement sérieux ne peut concourir à faire approuver et respecter ce pauvre diable pour ce qu'il tente d'accomplir avec aveuglément et incompétence. Mais il se bat contre une réalité démoniaque — et dans le pire des cas, il ne peut pas faire le sixième du mal irréparable que ferait le bolchevisme. Nous devons aujourd'hui nous montrer sacrément charitable envers toute force qui peut sauver du communisme une vaste et importante partie du monde occidental. Il ne s'agit pas d'excuser ses extravagances — mais simplement de lui accorder le bénéfice d'une perspective juste* ". [160]

(159) Lettre à J. Vernon Shea du 25.09.1933.
(160) Lettre à J. Vernon Shea du 14.08.1933.

" Au sujet des traits non ethniques de l'hitlérisme — la tentative de gui-der l'expression culturelle dans certaines voies en exilant les écrivains et en supprimant les livres qui s'opposent à la tradition voulue — là, il est possible à nouveau d'avoir de la sympathie pour les objectifs de base, quoique les méthodes soient déplorables et ridicules. Aucun ami impartial de la civilisation ne peut s'empêcher de voir, comme Hitler, que la culture contemporaine se trouve dans un état de décomposition avancée — du fait de concepts faux et malsains qui poussent comme de mauvaises herbes et mettent constamment en péril notre survie face aux ennemis extérieurs et aux dissensions internes. Toutes les voix histo-riques et philosophiques les plus audibles du moment serinent des doc-trines et des valeurs qui ne peuvent que conduire à la désintégration, au chaos et à la mort de tout ce qui donnait à la vie l'illusion de valoir la peine d'être vécue. " (161)

" Si l'Allemagne nous avait battus et réduits à l'impuissance, toute voix exhortant à nous soulever et à refuser les charges disproportion-nées qui nous auraient écrasés nous auraient électrisés. Sportivement, nous ne pouvons qu'admirer Der schöne Adolf (162) *lorsqu'il agit ainsi. Toutefois — n'imaginez pas un seul instant que je considère avec complaisance tout ce que la politique étrangère d'Hitler risque d'entraîner.[…] Un bon éclat de rire, appuyé sur un solide sens des proportions, n'épargnerait vraiment pas grand chose du programme solennel, maniaque et extravagant du sauveur à la moustache taillée. Mais je répète que derrière chacune des thèses ma-jeures de l'hitlérisme — cohérence culturo-raciale, idéaux culturels conservateurs, et rejet des absurdités de Versailles — réside une grande et urgente nécessité. "* (163)

Quelle est au fait la doctrine hitlérienne ? La vision hitlérienne du monde est fondamentalement dominée par le constat darwiniste de la lutte des espèces pour la conquête d'un " espace vital ". Seules les " races " humaines les plus fortes, les plus " pures ", en tête des-quelles Hitler place les Aryens, c'est-à-dire les populations blanches du nord de l'Europe, parviendront selon lui à s'imposer dans cette lutte impitoyable pour la survie. Mais elles doivent à tout prix éviter de s'abâtardir. Les Juifs, que Hitler situe au dernier échelon de l'échelle raciale, constituent donc la plus grande menace, car, peuple sans terre, ils parasitent les peuples " sains " afin de les conquérir en affaiblissant leur " valeur raciale " :

" Les Juifs forment une race sous-humaine, ils sont prédestinés par leur héritage biologique au mal, tout comme la race nordique est prédesti-

---

(161) Lettre à J. Vernon Shea du 25.09.1933.
(162) En allemand dans le texte.
(163) Lettre à J. Vernon Shea du 25.09.1933.

née à la noblesse. […] *L'Histoire culminera dans un nouvel empire millénaire de splendeur inégalée basé sur une nouvelle hiérarchie raciale. "* (164)

Pour cela, ils recourent aux " poisons " que sont la démocratie, l'internationalisme et le marxisme. Lovecraft est donc en gros d'accord avec le schème, mais refuse la voie dans laquelle Hitler s'est engagé.

Lovecraft semble apprécier l'homme :
" Je sais que c'est un clown, mais par Dieu, j'aime ce type ! Aveugle et obstiné comme un taureau, il possède toutes les qualités de force et d'opiniâtreté qui poussent les tribus et les nations à sortir des impasses et de la confusion désespérées pour affronter des obstacles apparemment insurmontables. Le bon sens doit montrer au peuple que, s'il était un âne incapable, il ne pourrait pas exercer le pouvoir qu'il exerce. Ce ne sont pas simplement les irresponsables qui sont avec lui — il est soutenu par des centaines d'Allemands intelligents, instruits et patriotes parfaitement conscients de ses travers comiques et de ses extravagances grotesques, mais qui, néanmoins, voient en lui une force amorphe constituant le moindre mal. Il n'est pas donné à chaque nation d'engendrer un véritable Mussolini. " (165)

Comme on sait, Mussolini avait, très tôt, enthousiasmé Lovecraft... Il apprécie aussi les choix stratégiques d'Hitler :
" D'abord l'essentiel de la théorie de base d'Hitler est parfaitement et irréfutablement fondé : à savoir qu'aucune nation établie et homogène ne doit (a) tolérer qu'un groupe étranger provoque une modification dans la composition de l'ethnie dominante et (b) accepter la dilution de son courant culturel par des éléments émotionnels et intellectuels étrangers à sa tendance culturelle originelle. Ces deux dangers entraînent les conséquences les plus indésirables — à savoir la métamorphose de la population qui s'éloigne ainsi des institutions originelles, et le dévoiement des institutions qui s'éloignent du peuple originel. " (166)

Mais il est opposé au chemin que Hitler veut prendre pour y parvenir :
" Jusqu'ici, Hitler se trompe. […] Un homme élevé dans la véritable tradition allemande, qui, dès l'abord, reflète le paganisme viril et la psychologie protestante qui appartient à la nation et exclut tout apport héréditaire venant d'une autre culture, devrait certainement être considéré comme un citoyen à part entière et un fonctionnaire potentiel, quand bien même quelqu'un de totalement, ou au quart, ou à moitié juif figurerait dans sa généalogie. Mais aucun homme qui hérite de tendances et de sensibilités juives ne doit occuper de position clé dans une quelconque nation

(164) Adolf Hitler, *Mein Kampf.*
(165) Lettre à J. Vernon Shea du 25.09.1933.
(166) Lettre à J. Vernon Shea du 25.09.1933.

*aryenne. Ce n'est pas insulter les Juifs intellectuels que de dire cela —
c'est exprimer le sens commun. Si les Juifs avaient leur propre nation
(comme ils l'auraient s'ils avaient, comme nous, des tripes et de l'amour-
propre), je serais le premier à insister pour qu'ils demeurent libres des influences aryennes. [...] Hitler applique simplement des critères erronés.
La véritable ségrégation ne doit être définie qu'en fonction de certaines
caractéristiques physiques étrangères particulières — au premier chef
celles des races noires sous-développées. Au sein de la véritable race caucasienne, les critères doivent être culturels [...]. "* [167]
*" Ce qui est délirant, ce n'est pas ce que veut Hitler, mais la manière
dont il le considère et s'y prend pour l'obtenir. "* [168]
*" Mais les positions extrêmes de racisme pur défendues par Hitler sont
absurdes et grotesques. Les différentes races varient en caractères et en
aptitudes, mais de toutes, je considère que seules la négroïde et l'aus-
traloïde sont biologiquement inférieures. Contre ces deux-là, une politique pure et dure de ségrégation est nécessaire. "* [169]
En quelque sorte, Lovecraft est plutôt contre la ségrégation des Juifs,
considérant que d'autres races sont pour ainsi dire " prioritaires " dans
la mise à l'écart...

Et la doctrine ? Lovecraft s'en tient au seul critère racial, tout en esti-
mant qu'il serait certainement *persona non grata* dans l'Allemagne
d'alors.
*" Les Nazis commettent évidemment une erreur énorme et sentimentale
en affirmant que de petites doses de sang étranger ont le même effet de
sape que de larges afflux, comme en déclarant que les individus sont
inaptes à participer d'une culture donnée s'ils possèdent une trace de
sang étranger. En vérité, les caractéristiques d'une race sont celles de
la moyenne de tous ses membres. Cette moyenne est bien sûr modifiée
par l'introduction de toutes sortes d'individus différents. Et il est évident — eu égard à la spécificité et la tendance à la variabilité humaines
— que beaucoup de ces individus s'écartent grandement de la moyenne
de leur groupe d'origine pour aller vers les moyennes des autres
groupes. Ils sont alors des centaines d'étrangers parfaitement aptes à
se fondre au sein de notre civilisation dans le respect des caractéristiques de cette dernière — circonstance la plus courante car, après tout,
une bonne part de la personnalité des individus est un problème d'héritage culturel plutôt que biologique. L'intégration dans notre structure
de quelques étrangers peut être la source d'une authentique nuisance.
Ces gens ne sont pas nécessairement plus inadaptés que certains des
nôtres. Leur intégration accroît simplement un peu l'inévitable proportion d'inadaptés. [...] Le problème de la race et de la culture est loin*

(167) Lettre à James Ferdinand Morton du 12.06.1933.
(168) Lettre à J. Vernon Shea du 25.09.1933.
(169) Lettre à F. Lee Baldwin du 13.02.1934.

d'être aussi simple que le prétendent à la fois les Nazis et les chroniqueurs des journaux de Jew-York [sic] partisans de l'égalitarisme à tout crin. Bien sûr, Hitler se montre un extrémiste non-scientifique en prétendant que tout ce qui concerne la race peut se réduire à une question théorique de pureté, que le stock nordique est intellectuellement et esthétiquement supérieur à tous les autres, et que la moindre trace de sang non nordique — ou non aryen — suffit à altérer les potentialités psychologiques et civiques de tout individu. Ces affirmations dénotent sans doute la brutalité et l'ignorance – mais les anti-hitlériens se montrent trop sûrs d'eux lorsqu'ils prétendent que la fausseté de ces points justifie un extrémisme diamétralement opposé. […] Je suis loin d'être un Nazi, et je me ferais certainement éjecter d'Allemagne pour mes idées sur l'univers, sur les sciences, et sur le droit à la libre expression esthétique — mais en même temps, je refuse de partager l'hostilité aveugle de la masse vis-à-vis de ce clown honnête [Hitler] dont les objectifs de base sont tous solidement fondés, en dépit des absurdités et des excès désastreux occasionnels de sa politique. Il se peut que la fonction de l'hitlérisme soit de pointer certains besoins que des mains et des têtes plus sages réorienteront finalement dans une voie plus modérée — pas seulement en Allemagne mais dans toutes les autres nations où des besoins et des problèmes similaires existent. " (170)

Si Lovecraft dénonce, assez mollement, les " excès " nazis vis-à-vis des Juifs, il semble avoir peu conscience de leur degré de barbarie. Traitée au plan global dans le premier extrait qui suit, c'est par le petit bout de la lorgnette qu'il aborde cette tendance des nouveaux maîtres de l'Allemagne, comme on le voit dans le second.

" Je concède pleinement l'existence de beaucoup d'admirables qualités de l'existence barbare, aussi bien que le fait que la civilisation provoque certaines pertes inévitables pour assurer ses gains. Mais il faut insister sur le fait que, dans l'ensemble, les bénéfices de la civilisation représentent un total beaucoup plus important que celui de la barbarie. Aucun mode de vie ne peut être déclaré normal ou souhaitable s'il laisse inutilisées ou sous-exploitées les plus grandes qualités qui ont assuré, tout au long des éons, l'évolution des espèces. Malgré tous les défauts de la civilisation, cette dernière constitue certainement un mode de vie plus efficace et plus gratifiant pour la race aryenne que la voie du vagabondage, du pillage, du combat, et des massacres. " (171)

" À propos — l'ancienne femme du monde qui habite au rez-de-chaussée de cette maison (172) *(une professeur d'allemand yankee, depuis longtemps germanophile, qui — bien que fille d'un pasteur baptiste — devint il y a dix ans une ardente catholique) vient juste de revenir d'un*

(170) Lettre à J. Vernon Shea du 25.09.1933.
(171) Lettre à Bernard Austin Dwyer du 23.04.1933.
(172) Lovecraft demeure alors 66, College Street, à Providence (RI).

*voyage de trois mois en Allemagne et en Autriche, et trouve que la si-
tuation générale et morale de l'Allemagne est infiniment meilleure
qu'elle ne l'était l'année dernière. Les comptes rendus de " barbarie "
sont incroyablement amplifiés — la vie se déroulant le plus souvent
comme d'habitude. Elle fut partout traitée avec la même courtoisie —
bien que les susceptibilités anti-allemandes à la frontière tchécoslo-
vaque l'aient amusée. Ils méprisent l'argent allemand et autrichien, et
refusent de conduire les touristes aux monuments ou aux sites historiques en relation avec les célébrités ou les événements teutons.* " (173)
Avouons que, à la lumière du sort que Hitler va réserver à la
Tchécoslovaquie, l'ironie semble a posteriori plutôt mal placée...

(173) Lettre à J. Vernon Shea du 5.02.1932.

Chapitre VII

LES RELATIONS ENTRE LES ÉTATS-UNIS
ET L'ASIE

Les tribulations sino-japonaises furent également pour Lovecraft l'occasion de s'exprimer. Une première guerre Chine-Japon avait éclaté le 1er août 1894, dont l'enjeu était la Corée. Alarmés par le succès éclair du Japon, l'Allemagne, la France et la Russie étaient intervenues, et les tentatives d'intervention russe en Corée échouèrent lorsque la Russie perdit la guerre russo-japonaise de 1904-1905. Le Japon finit par annexer la Corée en 1910. Mais la volonté japonaise de protéger et d'accroître sa position au nord de la Chine entraîna de nouveaux conflits. Par le traité de Versailles de 1919, le Japon se vit attribuer les anciens droits allemands sur la province de Shandong.

Il n'en faut pas plus à l'Amérique (et à Lovecraft) pour dire : " Mais où le Japon s'arrêtera-t-il ? "

" *En ce qui concerne la guerre contre le Japon, je peux concevoir de nombreux aspects qui la rendraient hautement nécessaire pour la sécurité future de la zone anglo-saxonne dans le, et autour du, Pacifique. Nous ne pouvons pas dire, simplement au vu des événements extérieurs actuels, quels sont les buts ultimes des Japonais, et il est certain qu'à beaucoup d'égards une guerre serait une grave erreur ; mais on ne doit néanmoins pas adopter une position dogmatique en la matière. Il serait certainement dangereux d'autoriser une nation puissante et potentiellement rivale comme le Japon à prendre le contrôle complet de la Chine, car, dans ce cas, toutes les prodigieuses (bien qu'actuellement ingérables) ressources de cette zone vaste et peuplée deviendraient une arme aux mains des Japonais. Le Japon serait alors le maître absolu du Pacifique, et de là, renforcerait sa volonté de suprématie sur l'Australie, la Nouvelle-Zélande, la Californie et la Colombie Britannique, comme il le fait maintenant avec la Chine. On ne peut tolérer cela, car l'objet premier d'une grande civilisation est le contrôle complet de ses propres territoires et populations. Le discours pacifiste n'est que pure chimère et paroles en l'air — bien qu'il soit certainement profitable à autant de nations que possible (celles susceptibles de partager des perspectives et des intérêts naturels communs) de conclure des traités destinés à éliminer les causes mineures de dissension. La vé-*

rité est simplement que, lorsqu'un groupe demande quelque chose avec un certain degré d'intensité, il oubliera tous les accords et les restrictions inscrits sur le papier. Et c'est ainsi que, dans de nombreux cas, un groupe peut rassembler assez de volonté pour vaincre toute force unie qu'une action internationale pourrait lui opposer. Il y aura toujours des guerres, dont les vainqueurs seront toujours ceux qui possèderont les ressources, la résistance et les effectifs les plus importants, ainsi que la préparation la plus intelligente. Quand un tigre hostile vous saute dessus, la seule chose à faire est de tirer — c'est pareil avec une nation hostile. Je me suis efforcé de m'enrôler lors de la dernière guerre, mais fus rejeté à cause de ma santé. J'ai envie de recommencer si l'occasion se présente — et bien que je craigne de faire un soldat lamentable, je pense qu'il est bon que les membres d'un groupe montrent leur enthousiasme à défendre leurs intérêts. Cependant — je doute que l'heure soit venue d'une action drastique contre le Japon. ” [(174)]

“ Certains aimeraient voir une guerre avec le Japon pour stimuler l'armement et les autres industries ainsi que pour résoudre le problème de la surpopulation — et aussi parce qu'une guerre sera probablement nécessaire tôt ou tard pour assurer la sécurité anglo-saxonne dans le Pacifique. Mais je doute que cela soit pour maintenant. Le Japon agit envers la Chine comme toutes les autres nations ont agi depuis 1840, et j'imagine que les puissances occidentales seront contentes de se tenir à distance tant qu'il n'y aura pas de danger que le Japon prenne le contrôle total de la Chine. Ce pourrait être le prochain stade — à la fois une limitation du commerce de l'Occident avec la Chine et une émergence du Japon en tant que dangereuse puissance ennemie dans le Pacifique — qui entraîne la Grande-Bretagne et les États-Unis à engager la guerre contre ce pays. Mais d'ici là, le Japon peut se trouver fortement entravé par l'inévitable guerre à venir avec la Russie Soviétique. Le Japon s'est lancé en retard, d'où sa grande agressivité actuelle — alors que les autres nations ont agi de même dans le passé et sont maintenant prêtes (ayant pris ce qu'elles ont voulu) à observer, confortablement installées, et à prêcher des “ idéaux élevés ” aux nations plus jeunes et moins installées. ” [(175)]

Les Chinois, peu désireux de s'engager dans une guerre avec le Japon, ne résistent pas en 1931 à l'invasion de la Mandchourie, qui devient l'État de Mandchoukouo, mais développent un fort sentiment anti-japonais (on le serait à moins) qui se manifeste par un boycott de leurs produits. C'est en partie pour le faire cesser que les Japonais débarquent à Shanghaï au début de 1932. Malgré un accord signé le 5 mai, le Japon gagne progressivement du terrain dans le nord de la Chine.

(174) Lettre à J. Vernon Shea du 5.02.1932.
(175) Lettre à Miss Elizabeth Toldridge du 26.02.1932.

«La Chine est désespérément divisée et les autres races de couleur n'ont pas derrière elles d'ambition nationale cohérente, mais le Japon forme une des nations les plus puissantes et les plus influentes du monde moderne. Le Japon constituerait vraisemblablement un problème international majeur même s'il n'existait aucune considération de race. En tant que nation — en dehors de toute considération ethnique — le Japon constitue jusqu'à présent une puissance de première importance contrariée dans sa quête d'expansion. Pour soutenir son économie, il doit inonder des territoires de marchandises de qualité nécessairement inférieure, et doit participer au commerce international aussi librement que les autres grandes puissances. Venu tard sur la scène internationale, il avait été devancé dans le domaine colonial et sur toutes les voies commerciales — que faire alors ? Nous avons là un cas d'ambition logique opposée aux ambitions également logiques des puissances occidentales. Ce n'est en aucun cas un problème racial. Et je crains que la solution soit tôt ou tard militaire […] à moins que les nations occidentales laissent au Japon les coudées franches en Extrême-Orient. Elles sont peu disposées à le faire pour deux raisons : leurs propres intérêts en Extrême-Orient, et la crainte que le Japon ne devienne la plus grande puissance mondiale. De ces deux raisons, je considère la première non fondée (car les tentacules commerciaux ne méritent pas d'être défendus à un prix trop élevé), mais je crois que la seconde l'est. Je préconiserais donc d'agir seulement en fonction de la seconde raison — en donnant au Japon tout ce qu'il veut du continent asiatique, mais en bloquant toute tentative de sa part de s'assurer la route du Pacifique. Cela reporterait l'épreuve finale pour des générations — peut-être pour des siècles — car si le Japon avait la Chine à exploiter, il ne penserait, pendant un certain temps, ni à l'Australie, ni à la Nouvelle-Zélande, ni à la Californie. Mais l'intégrité de l'Australie, de la Nouvelle-Zélande et de la Californie en tant que partie du monde anglo-saxon, serait maintenue — aussi longtemps que la civilisation occidentale aura la force de la maintenir. Au bout du compte —lorsque nous serions devenus fragiles, décadents et insouciants — le Japon dominera probablement le monde ; mais j'espère que cela ne se produira pas avant des milliers d'années dans le futur. Il se battra probablement à nouveau contre la Russie dans quelques années — mais si le monde occidental se montre avisé, il ne se laissera pas entraîner dans ce guêpier. " (176)

Lovecraft a toujours été un admirateur de Spengler (1880-1936), ce philosophe allemand qui soutint que les civilisations ont un cycle de vie, c'est-à-dire s'épanouissent et meurent comme des organismes naturels.

(176) Lettre à Natalie H. Wooley du 22.11.1934.

Pour lui, la civilisation occidentale avait à l'époque déjà dépassé ses étapes de création et avait amorcé son déclin. Il faut noter que, bien qu'encensé par les désillusionnés de la Première Guerre mondiale, le travail de Spengler fut critiqué tant par les érudits que par le parti nazi (Lovecraft le savait-il ?), en dépit de certaines affinités avec la doctrine de ce dernier. Cet extrait, tiré de l' " Introduction " du *Déclin de l'Occident*, résume bien l'approche du philosophe :

" On a osé pour la première fois, dans ce livre, tenter une prédétermination de l'Histoire. Il s'agit de poursuivre le destin d'une culture, de la seule culture qui soit en train de s'accomplir de nos jours sur cette planète, la culture occidentale européo-américaine, dans ses phases non encore écoulées. [...]

Existe-t-il une logique de l'Histoire ? Y a-t-il, par delà tout le fortuit et tout l'imprévisible des événements particuliers, une structure pour ainsi dire métaphysique de l'humanité qui soit essentiellement indépendante de tous les phénomènes visibles, populaires, spirituels et politiques de la surface ? Qui soit au contraire la cause première de cette réalité de second ordre ? Est-ce que les grands traits de l'Histoire universelle n'apparaissent pas toujours au regard du clairvoyant sous une forme qui autorise des déductions ? Et, dans l'affirmative, à quoi se réduisent ces déductions ? Est-il possible, dans la vie même — car l'Histoire humaine est l'ensemble des immenses courants vitaux que l'usage linguistique, pensée ou action, assimile déjà sans le vouloir, comme en étant la personne et le moi, à des individus d'ordre supérieur appelés " antiquité ", " culture chinoise " ou " civilisation moderne " — de trouver les degrés qu'il faut franchir et de les franchir dans un ordre qui ne souffre point d'exception ? Peut-être les concepts de naissance, de mort, de jeunesse, de vieillesse, de durée de la vie, qui sont à la base de tout organisme, ont-ils à cet endroit un sens strict que nul n'a encore pénétré ? En un mot, y a-t-il, au fond de tout ce qui est historique, des formes biographiques primaires et universelles ? [...]
L'homme [...], élément et représentant de l'univers, n'est pas que membre de la nature, mais aussi membre de l'Histoire, autre cosmos de nature et de substance différente, que la métaphysique entière a sacrifié au premier. [...]
C'est ainsi que naquit [...] ce livre qui est l'expression provisoire d'une nouvelle page de l'univers. " [177]
Dès 1930, Lovecraft l'indifférent spéculait, de façon hardie, sur l'avenir :
" D'ici au nouvel effondrement de la civilisation prédit par Spengler, nous aurons un mode de vie incroyablement grotesque et insatisfaisant — avec trop peu de points de contact avec nos dispositions héréditaires

(177) Oswald Spengler, *Le Déclin de l'Occident*, Gallimard, 1948.

profondes pour offrir la moindre satisfaction émotionnelle de haut ni-
veau. Mais je ne pense plus que l'on puisse éviter ça, ni que cela vaille
la peine de perdre sa salive à s'en plaindre. Ce qui doit arriver arrivera.
Des sensations nouvelles naîtront pour remplacer les anciennes. Et
même si leur valeur est moindre, leurs possesseurs n'auront aucune
base de comparaison pour se rendre compte de leur infériorité. On as-
sistera à une stagnation mortelle ponctuée de quelques révoltes mor-
bides et nerveuses. Le soviétisme, le capitalisme et le fascisme se rejoin-
dront dans un curieux paradoxe triangulaire pour résoudre le problème
d'une culture dans laquelle la surproduction constante de la mécanisa-
tion aura détruit la loi de l'offre et de la demande et transformé la rela-
tion de l'individu avec la structure économique en un problème déter-
miné d'arbitraire, d'instabilité et de difficulté. Et tôt ou tard, une révo-
lution, aidée par la mécanisation, s'emparera de la masse. " [178]
Les faits ne lui ont donné qu'en partie raison. La " révolution " que
constitua la difficile période de la Dépression n'en fut heureusement pas
une au sens habituel du mot.

Les thèses de Spengler ne pouvaient que séduire Lovecraft, dont l'indifférence vire ici, soit dit en passant, à un certain pessimisme. Ce qui nous
permet de conclure ce survol des idées politico-philosophiques de
Lovecraft sur cette citation typique :

" Au sujet de la bonne époque pour être né — j'ai des doutes quant au
futur, car à mon sens, la civilisation actuelle a connu son apogée et dé-
périt doucement comme celle de Rome à l'époque d'Antoine. Mon opi-
nion est corroborée par celle de Spengler dans son monumental Déclin
de l'Occident. *"* [179]

(178) Lettre à Maurice W. Moe du 18.06.1930.
(179) Lettre à Mrs Natalie H. Wooley du 27.11.1933.

POSTFACE

(180)
LOVECRAFT : UN MARX DU CAUCHEMAR

La lecture d'extraits de lettres de Lovecraft touchant à la politique et à l'économie m'a passionné car dans un essai déjà ancien [181], je risquais une hypothèse : un sens profond mais inapparent de ses nouvelles me semblait être d'ordre socio-économique et plus précisément lié à la situation et à l'évolution de son groupe social dans la société globale. Je me demandais en particulier si Lovecraft pouvait avoir de telles préoccupations et même s'il avait par aventure lu Marx et s'il était conscient de cette lecture possible de ses textes de fiction. Si une bonne pratique épistémologique permet de proposer, à partir d'une théorie, des prédictions qui pourront être ensuite réfutées ou validées par l'observation ou par l'expérience quand c'est possible, on peut dire ici que j'ai été comblé.

Lorsqu'en 1967 Dominique de Roux me demanda de collaborer à un Cahier de l'Herne consacré à H.P. Lovecraft, écrivain américain alors relativement peu connu en France, j'acceptais d'enthousiasme sans trop savoir quelle tournure j'allais donner à cet essai. On ne disposait guère alors que de quelques volumes publiés dès les années 1950 chez Denoël dans la collection *Présence du Futur* et principalement de deux recueils, *La couleur tombée du ciel* et *Dans l'abîme du temps*, et de *Démons et merveilles*, paru aux Deux Rives dans une traduction exécrable [181] publiée en 1955 dans la collection *Lumière Interdite* dirigée par Louis Pauwels. L'introduction de ce dernier livre, due à Jacques Bergier, réunissait à peu près toutes les indications biographiques disponibles sur l'auteur. Par chance, je possédais un curieux petit livre de poche, anthologie en anglais de nouvelles de Lovecraft, paginé à l'italienne, tout en longueur, trouvé chez un bouquiniste des quais de la Seine à Paris et qui avait été édité pendant la guerre à l'usage des G.I. On connaissait par ouï-dire l'abondante correspondance de Lovecraft mais rien n'en avait encore filtré en France.

Ma réflexion ne pouvait porter que sur cette maigre sélection des nouvelles de Lovecraft, à dire vrai réunissant sans doute les meilleures, et ne partir que d'une très maigre connaissance de sa biographie et de ses conditions d'existence qui devait beaucoup aux récits toujours passion-

---

(180) C'est à un article de Jean-François Revel publié dans *L'Express* et rendant compte du Cahier de l'Herne et en particulier de mon article, que j'emprunte ce titre.
(181) *Entre le fantastique et la science-fiction*, in Cahiers de l'Herne, *Lovecraft*, 1969.
(182) Qui ne se souvient avec émotion du fameux " si long, Carter " qui signifiait tout simplement " Adieu, Carter " ?

nants mais parfois mythologiques de Jacques Bergier. Peut-être était-ce aussi bien. J'ai souvent remarqué par la suite que le critique ou l'essayiste noyé sous une masse de documents et de textes secondaires finit par les prendre pour argent comptant et se fait de l'auteur ou du sujet dont il traite une conception parfaitement biaisée. De là à conclure que moins on en sait mieux ça vaut, comme dans certains milieux et circonstances, il y a un pas que je n'hésiterai pas trop à franchir. Les limites mêmes de l'information obligent à réfléchir.

Force était de toute façon de me restreindre à l'analyse de quelques nouvelles et pour l'essentiel dans une version française qui fut fort critiquée par la suite. Ma première intention, imbu que j'étais de connaissances universitaires et livresques sur les théories freudiennes, était de me risquer à une approche psychanalytique. La répugnance de Lovecraft pour l'élément marin, l'humide, le visqueux, la béance, offrait des pistes presque trop faciles. J'aurais juré qu'il n'était pas à l'aise avec le féminin, même sans rien savoir de son mariage raté. Mais après quelques semaines, rien de décisif ne me vint, hors quelques banalités. L'approche psychanalytique n'était pas féconde. Au demeurant, dès alors mais surtout depuis, j'ai fini par me convaincre que la critique d'inspiration psychanalytique est souvent une impasse. La méthode psychanalytique implique la présence active de l'analysant et un travail sur ses associations, en particulier à partir de ses rêves. L'auteur lu est par définition absent et les associations que ses textes suscitent, pour stimulantes qu'elles puissent être, n'appartiennent en définitive qu'à son commentateur. La plupart des essais critiques d'inspiration psychanalytique ne font guère que retrouver dans les textes qu'ils soumettent à la question une confirmation des théories freudiennes, par exemple sur l'Œdipe, parfois au prix d'une sollicitation excessive, et ne nous apprennent pas grand-chose ni sur la genèse des œuvres, ni sur leurs auteurs. Je ferai dans ce jugement sévère toutefois exception pour quelques-uns, entre autres Jean Starobinsky, Marc Soriano et Marthe Robert qui ont du reste puisé à bien d'autres sources que la vulgate freudienne. Et bien entendu pour le commentaire par Lacan de *La Lettre volée* de Poe, qui est tout sauf l'analyse psychanalytique d'un texte littéraire mais son détournement à usage propédeutique.

Quoi qu'il en soit, j'abandonnai cette approche et remâchai avec de plus en plus de perplexité les nouvelles de ma victime. C'est de ma formation et de ma pratique d'économiste et de sociologue que sans doute me vint assez obscurément une autre intuition. Dans ses fictions, Lovecraft me semblait décrire avec une acuité grandissante la situation problématique d'un groupe social, en gros le sien, dans la société de son temps. Je me plongeai dans la sociologie de la littérature d'un Lucien Goldmann et d'un George Lukacs que je n'avais jusque-là fait qu'effleurer, et vis mon intuition prendre corps. Je renverrai ici le lecteur à mon article du Cahier de l'Herne, *Entre le fantastique et la science-fiction, H.P. Lovecraft*, et surtout à mon essai *Trames et moirés*. [183]

Je ne donnerai ici de cette intuition que deux brefs exemples. Dans sa nouvelle *La Couleur tombée du ciel*, Lovecraft décrit la transformation que fait subir à l'agriculture son industrialisation dans un contexte monopolistique. Certes les fruits et les animaux atteints par la couleur de la chose tombée dans le puits deviennent de plus en plus beaux mais ils sont de moins en moins consommables ; l'exploitation prospère d'abord car il s'agit de produits d'aspect idéal pour la vente quoique sans goût et probablement toxiques [184], mais les exploitants de la ferme eux-mêmes finissent dans leur aliénation par perdre toute humanité au moins aux yeux de témoins ressemblant au narrateur, c'est-à-dire à Lovecraft lui-même. Et dans sa dernière nouvelle, la plus aboutie peut-être, *Le Cauchemar d'Innsmouth*, il décrit toute l'évolution historico-économique d'une collectivité qui finit par perdre son humanité en s'alliant à des Puissances qui proposent l'échange de richesses contre des hommes à condition qu'ils deviennent de plus en plus semblables à Elles-mêmes.

Je ne détaillerai pas ici davantage mon analyse qui n'exclut pas, du reste, une approche proprement psychanalytique. On la trouvera dans les textes cités.

Mais la question qui se pose alors est de savoir si Lovecraft avait une conscience précise des évolutions à l'œuvre dans la société et qui placent l'homme libéral, et en particulier l'intellectuel, à la merci de Puissances (économiques et sociales) incontrôlables. Et si, pour une part au moins, ses histoires ne seraient que des métaphores élaborées de ces processus historiques. Je ne le crois pas, mais je soulevais dans l'article initial [185] la question, alors hautement problématique dans mon état d'ignorance de l'époque, de savoir si Lovecraft avait pu s'intéresser aux questions économiques et sociales et (pourquoi pas ?) eu connaissance de l'œuvre de Marx, directement ou indirectement, puisque par certains côtés il en reproduisait l'analyse historique bien qu'il en tirât des conclusions beaucoup plus pessimistes. C'est une hypothèse que vient largement confirmer la lecture de ses lettres aujourd'hui et ici publiées en français.

La qualité d'une théorie tient beaucoup à son caractère prédictif. Dans ce cas précis, on ne saurait strictement parler de prédiction puisque les lettres de Lovecraft sont antérieures à la rédaction de mon essai et que j'aurais pu théoriquement les connaître. Mais ma supposition avait ce-

---

(183) In *Science-fiction et psychanalyse*, ouvrage collectif dirigé par Marcel Thaon, Dunod, 1986.

(184) Le parallèle est frappant avec les espèces transgéniques aujourd'hui diabolisées à tort ou à raison et procurant à des transnationales comme Monsanto des monopoles de droit ou de fait.

(185) C'est une hypothèse qui a disparu de la version écourtée reprise dans *Trames et moirés*, non que j'y aie renoncé dans l'intervalle mais du fait de la réduction importante de mon texte qui m'avait été imposée.

pendant un caractère prédictif relativement à mon ignorance — et à celle de tous les lecteurs français voire américains puisque la correspondance de Lovecraft était alors loin d'avoir été publiée même aux États-Unis. Sa confirmation vient donc dans une certaine mesure valider mon approche. Après tout, toute prédiction scientifique qui vise à valider une théorie découle d'une ignorance préalable. Ce n'est pas l'univers qui a changé : c'est l'état de sa connaissance.

Je ne crois pas pour autant que Lovecraft ait transcrit en termes de fictions une théorie socio-économique élaborée préalablement par lui. Au demeurant, il n'y a pas de continuité ou de parallélisme entre le contenu de ses lettres et celui de ses nouvelles. Ses lettres reflètent l'actualité ou la doxa de son temps, relayées par la lecture de journaux et de livres. Elles correspondent à ses réflexions et à son savoir conscients et leur contenu demeure au total assez banal. Ses ouvres de fiction, au moins selon les interprétations que j'en propose et que l'on peut évidemment mettre en doute, vont beaucoup plus loin, témoignent d'une lucidité, si j'ose dire parlant d'un processus inconscient, beaucoup plus aiguisée. Dans ses lettres, il se borne à commenter, de façon plus ou moins pertinente, l'actualité de son temps. Dans ses nouvelles, il met en scène la crise de son groupe, la malédiction qui pèse sur son être social, en particulier celui d'écrivain. Il y a même souvent contradiction entre le contenu de ses lettres et celui de ses contes. Là où il entrevoit, voire propose, des solutions plus ou moins rationnelles dans ses lettres, comme un espoir de survie ou de reviviscence de son monde et de ses valeurs, ne règne dans ses nouvelles que le pessimisme le plus noir : le monde réel et le monde fantasmé de Lovecraft sont bien évidemment condamnés.

Je crois qu'en tant qu'artiste, au même titre que les nombreux autres écrivains que j'invoque à l'appui de ma théorie des subjectivités collectives, il a écrit ce qu'il a ressenti et ce qui lui a été transmis de façon largement inconsciente même si cet inconscient culturel a pu être nourri de ses lectures abondantes et variées. Mon point de vue de l'époque, et qui n'a fait que s'enrichir, est qu'un écrivain en dit beaucoup plus qu'il n'en sait consciemment, et que le lecteur attentif est le révélateur occasionnel de ce savoir impensé. Il ne s'agit évidemment pas d'un savoir scientifique, encore moins d'un savoir objectif, mais de la perception, de différents points de vue, par une collectivité de sa situation, perception dont le sujet individuel n'a pas une conscience claire mais qui l'informe néanmoins. Quant à la théorie des subjectivités collectives dont ma réflexion sur Lovecraft à la suite de la demande des Cahiers de l'Herne a été la graine, c'est une autre histoire qui n'a pas sa place ici.

Si Lovecraft pense plus ou moins consciemment sur le déclin — voire menacé dans son existence même, le groupe social dont il se réclame, à savoir la (petite) bourgeoisie libérale tendance intellectuelle, on comprend beaucoup mieux son hésitation, voire son évolution, entre le fascisme et le socialisme, ou du moins entre les idées qu'il s'en fait, qu'il exprime au fil de sa correspondance. En quoi il reproduit très sensiblement le mouvement de la même classe sociale en Europe, et en particulier de la plupart des intellectuels, leur méfiance à l'endroit du capitalisme bourgeois et de la démocratie libérale, et leur fascination soit pour le fascisme soit pour le socialisme voire pour le communisme soviétique. L'abomination de la désolation, c'est la " ploutocratie ", en d'autres termes la concentration capitalistique qui conduit au règne d'oligopoles et de monopoles et risque d'éliminer un libéralisme bourgeois antérieur à base de notables et de petites et moyennes entreprises. Elle est également synonyme de désordre et de crises économiques comme celles qui ont peut-être ruiné la famille Lovecraft. Contre le règne de la ploutocratie, un seul remède, l'État, apparemment garant d'une certaine rationalité économique et sociale et faisant une large place à la méritocratie. Mieux vaut qu'il ne soit pas trop démocratique, car une démocratie excessive risque de reconduire au règne de la ploutocratie. Nous errons ici quelque part entre le règne platonicien des philosophes et celui du despote éclairé. À bien les considérer, même si c'est souvent entre les lignes, les idées de Lovecraft sont dans le droit fil de celles des Lumières et, assez curieusement, notre exilé de l'intérieur de Providence se serait senti plutôt à l'aise, au moins théoriquement, dans la France de l'après Seconde Guerre mondiale qui privilégie les mêmes principes, État fort et centralisé, volontiers technocratique, contrôlant largement l'économie et la société à travers une bureaucratie recrutée à divers niveaux au moyen de concours, donc méritocratique. Il n'a pas eu le temps de la connaître. Il n'est pas si certain qu'il l'aurait aimée.

L'obsession de la pureté raciale, le goût de l'ordre ont la même origine, la peur de voir disparaître le groupe social dont Lovecraft se réclame et qui est plus fantasmé que réel. Le racisme insoutenable et prodigieusement affecté d'enflure de ses lettres (après tout peut-être non destinées à la publication) qu'on lira ici ne se retrouve toutefois pas ou guère, pour autant qu'il m'en souvienne, dans ses œuvres littéraires. Autre intéressante contradiction entre le commentateur épistolaire et l'écrivain.

Et s'il s'agissait surtout d'une pose, l'affirmant comme un Nordique, un Saxon, un Aryen, héroïquement dressé parmi les siens contre tous les groupes supposément ethniques, Juifs, Méditerranéens, Noirs et Chinois menaçant de les submerger ?

Dans beaucoup de ce qu'il écrit, et surtout dans ses lettres, Lovecraft est d'abord un acteur, peut-être ironique, jouant autant à son propre bénéfice qu'à celui de ses destinataires, au " vieux gentleman " alors qu'il n'a pas trente ans, à l'aristocrate d'ancienne souche spolié de son héritage, au propriétaire terrien, au déraciné d'une Angleterre mythifiée, au lettré érudit alors qu'il n'est guère qu'un autodidacte certes abreuvé d'immenses et disparates lectures. On a peine à l'imaginer, tel qu'il se complaît à se présenter, comme un géant nordique, la claymore à la main, fauchant les plèbes innombrables surgies du monde entier pour assiéger le continent nord-américain. Son sang, c'est de l'encre, et le fil qu'il aiguise est celui d'une plume. Et ses actes trahiraient plutôt ses convictions proférées : c'est une juive qu'il épouse, et l'échec de ce mariage ne semble rien devoir à l'origine " ethnique " de cette femme. Confronté au racisme réel et brutal, celui de l'Europe d'alors, celui du Ku Klux Klan, qu'aurait-il fait et dit ? Ce n'est pas que je veuille l'exonérer de ses aberrations jaculatoires, mais c'est que j'ai du mal à le prendre au sérieux. Au demeurant ce racisme, comme celui de tant d'auteurs européens, doit beaucoup à son éducation et à son environnement, et il semble bien qu'il s'en défasse peu à peu au point de remanier les textes de ses débuts afin de les absoudre de leur xénophobie.

Malgré toutes ses protestations de vigueur, de virilité et d'héroïsme ataviques, Lovecraft est un doux. Dans ses nouvelles comme dans son courrier, plutôt que parmi les forts dont il se réclame avec tant d'insistance, c'est parmi les faibles et les victimes qu'il se range comme ses personnages. L'énormité de ses Puissances innommables et invincibles et l'abjection des " ethnies " qu'il affecte de mépriser sont l'indice d'une peur. Peur qui n'est pas celle d'un lâche mais qui est bien fondée sur une aperception de sa situation réelle et de celle de son groupe social dans son temps, peur face à un univers sourd, à un espace infini silencieux ou trop bavard d'insanités, ou plus immédiatement face à son environnement. Un Lovecraft et ses valeurs, dont certaines ne sont qu'exotiquement désuètes tandis que d'autres seraient carrément répugnantes si on le prenait au sérieux, n'ont pas de place dans l'Amérique de son temps et elles n'ont du reste aucun avenir. Lovecraft est bien l'Étranger en son temps et lieu qu'il affirme être et que Jacques Bergier reconnaîtra au point de lui conférer poétiquement un brevet d'extraterrestrialité. Comme on le verra à travers ce choix de ses lettres, cela ne l'empêche nullement de s'intéresser aux réalités terrestres et il ne semble en aucune manière un reclus.
Mais c'est l'universalité de sa peur face à un univers désenchanté, privé de sens autant que d'eschatologie, et face à des pouvoirs redoutables et incontrôlables, politiques et économiques, qui nous touche encore aujourd'hui comme le fait valoir un Michel Houellebecq. Lovecraft, contrairement à une réputation d'occultiste qu'on lui a parfois faite, est un matérialiste convaincu et conséquent. Nous savons ou craignons de savoir que nous sommes des êtres en voie de dépersonnalisation, " créés par plaisanterie ou par erreur " ou tout simplement par la nécessité du hasard. Ce qui n'interdit pas d'en éprouver une certaine jouissance, à travers la fiction bien entendu.

Devant cette peur, une seule issue, la fuite dans le passé. Du moins dans un passé essentiellement imaginaire. Comme William Morris, curieux personnage de l'Angleterre victorienne, petit industriel, artiste décorateur, homme de lettres cultivant un style volontiers suranné, créateur d'une variété de Fantasy, ami des Préraphaélites et communiste confiant dans le retour à une utopie médiévale et agraire selon lui d'inspiration marxiste, H.P. Lovecraft remâche sans fin la nostalgie d'un passé fantasmé. Celui d'une Angleterre rurale et verte, parsemée de petites villes où de paisibles notables, nobliaux, esquires, hommes de loi cultivés, enseignants érudits, médecins dévoués et écrivains respectés et " harmonieux ", exercent un sacerdoce laïc sur un peuple de paysans, de petits commerçants et d'artisans respectueux qui savent leur Bible et s'il est possible leur Milton. Morris (1834-1896) appartient certes à une bonne génération avant celle d'Howard Phillips Lovecraft (1890-1937). Mais c'est précisément celle dont il avait rêvé d'être.
Toutefois, un bref rappel des parallélismes historiques s'impose. C'est en 1925 que Francis Scott Fitzgerald (1896-1940), un quasi contemporain de Lovecraft, publie son œuvre maîtresse, *Gastby le magnifique*, cette brève ode effrayante dédiée à la Nouvelle-Angleterre foulée aux pieds par les gens de l'Ouest, riches et insouciants de la vie et de la mort des autres. *L'Appel de Cthulhu* date de 1926, et *La Couleur tombée du ciel*, de 1927. Ces années-là, William Falkner, dit Faulkner (1897-1962), dont la prose est à peine moins torturée que celle de Lovecraft, commence tout juste à publier ses romans. Le lecteur avisé se risquera à la comparaison non qualitative qui n'aurait guère de sens, mais thématique. Où sont les monstres ?

Lovecraft et William Morris seraient sans doute étonnés de voir la génération de leurs arrière-petits-enfants, en ce début du XXIème siècle, plus aisés en moyenne que jamais dans l'histoire, assez peu racistes politiquement correct oblige, cohabiter plutôt pacifiquement avec des monopoles planétaires, lire leurs œuvres désormais classiques diffusées en bien plus grand nombre que du temps de leurs premières parutions, et en toute quiétude, quand ces innocents ne sont pas dévorés par ce Cthulhu omniprésent et protéiforme, l'écran télévisionnaire et informatique. [186]

Gérard Klein

---

[186] Ce dernier leur apportant toutefois, via Internet, une audience inespérée.

ANNEXES

ANNEXE 1

PRÉSIDENTS DES ETATS-UNIS ENTRE 1880 & 1940			
Chester A. Arthur	21	1881-1884	Républicain
Grover Cleveland	22	1884-1888	Démocrate
Benjamin Harrison	23	1888-1892	Républicain
Grover Cleveland	24	1892-1896	Démocrate
William McKinley	25	1896-1901	Républicain
Theodore Roosevelt	26	1901-1909	Républicain
William H. Taft	27	1909-1913	Républicain
Thomas W. Wilson	28	1913-1920	Démocrate
Warren Harding	29	1920-1923	Républicain
Calvin Coolidge	30	1923-1929	Républicain
Herbert Hoover	31	1929-1932	Républicain
Franklin Delano Roosevelt	32	1932-1940	Démocrate

ANNEXE II

COUPURES DE PRESSE AYANT TRAIT AU KU KLUX KLAN.

9.03.1922. " *DENONCE*. Dénoncé par les membres de l'American Bar Association, actuellement réunie pour sa 44ème Convention annuelle Les premiers présents hier adoptèrent une position sans équivoque contre les méthodes de l'application des lois selon le Ku Klux Klan, qui se sont fortement implantées dans tout le Sud.
Selon Hampton Lawrence Carson, de Philadelphie, Président suppléant de l'Association depuis le décès de William A. Blount, de Pensacola (Floride), le Ku Klux Klan n'était pas autorisé à se substituer à l'autorité de la Cour en ce qui concerne l'application des lois.
" *Une ferme application des lois est nécessaire face aux situations de violence criminelle* " dit Mr Carson. " *Elle doit être faite par le juge. Un procès sommaire émanant de la foule ne peut mener qu'à une erreur en faveur de la barbarie. Les efforts exercés par le Ku Klux Klan ou par d'autres organisations pour faire appliquer les lois ne mènent qu'à plus d'excitation, plus de violence et à encore plus d'excitation et de violence, et de tels agissements n'ont pas leur place aux États-Unis* ".

* * *

18.02.1922. " *KU KLUX KLAN. Le Ku Klux Klan a fait dimanche une forte percée en affichant un millier de membres dans l'une de ses sections. Nos gens de couleur n'ont qu'à bien se tenir. Il sera trop tard quand commenceront les scandales. En temps de paix, préparez la guerre. Bien que la règle vaille également pour les Catholiques et les Juifs, on n'osera pas toucher à eux, car ils sont trop puissants. Mais tout et tout le monde retombera sur le Nègre, parce qu'on sait qu'ils ne sont pas prêts à autre chose qu'au Ciel et nous sommes persuadés que nos amis blancs useront de tous les moyens pour les y expédier aussi rapidement que possible* ".

ANNEXE III

DÉCLARATION DES " QUATORZE POINTS " DU PRÉSIDENT THOMAS WOODROW WILSON.

1. Des conventions claires de paix, ouvertement fixées, après quoi il n'y aura pas d'arrangements internationaux privés d'aucune sorte, mais la diplomatie réussit alors toujours.

2. Liberté totale de la navigation maritime, en dehors des eaux territoriales, en temps de paix comme en temps de guerre, sauf si les mers doivent être fermées en tout ou partie par une action internationale pour l'exécution de conventions internationales.

3. Suppression, autant que possible, de toutes les barrières économiques et établissement d'une égalité des traditions commerciales pour toutes les nations désireuses de paix et qui s'associeront elles-mêmes à sa maintenance.

4. Garanties idoines données et reçues que les armements nationaux seront réduits au niveau le plus bas nécessité par la sécurité intérieure.

5. Règlement libre, franc et absolument impartial de toutes les revendications coloniales, basé sur une stricte observation du principe qui veut qu'en déterminant toutes les questions de souveraineté, les intérêts des populations concernées doivent peser un poids égal à celui des revendications du gouvernement dont la dénomination doit être définie.

6. Evacuation de tout le territoire russe et règlements de toutes les questions touchant à la Russie, ce qui devra assurer la meilleure et plus libre coopération des autres nations pour l'obtention d'une opportunité libre d'une détermination indépendante de son propre développement politique et de sa politique nationale, et l'assurance d'un accueil sincère dans le concert des nations libres sous des institutions de son choix ; et, en plus de l'accueil, toute l'assistance dont elle pourrait avoir besoin et qu'elle pourrait souhaiter.

7. La Belgique, tout le monde en convient doit être évacuée et restaurée sans tentative de limitation de sa souveraineté dont elle doit jouir, en commun avec les autres nations libres.

8. Tout le territoire français doit être libéré et les parties envahies restituées, et le tort fait à la France par la Prusse en 1871 en ce qui concerne l'Alsace Lorraine, qui a perturbé la paix mondiale durant près de cinquante ans, doit être redressé, afin que la paix puisse à nouveau être assurée dans l'intérêt de tous.

9. Un réajustement des frontières de l'Italie doit être effectué par des limites nationales facilement identifiables.

10. Les Austro-hongrois, que nous souhaitons voir figurer au nombre des nations sauvegardées et sûres, doivent se voir accorder l'opportunité la plus complète d'un développement autonome.

11. La Roumanie, la Serbie et le Monténégro doivent être évacués ; les territoires occupés restitués ; la Serbie doit avoir un libre accès à la mer ; et les relations entre Etats baltes doivent être fixés par un conseil amical sur la base des lignes historiquement établies d'obéissance et de nationalité ; et les garanties internationales d'indépendance économique et d'intégrité territoriale des Etats baltes doivent y être intégrées.

12. Les parties turques du présent Empire ottoman doivent avoir l'assurance d'une souveraineté sûre, mais les autres nationalités placées aujourd'hui sous le régime turc doivent être assurées d'une sécurité sans faille et de l'absolue opportunité de paix, d'un développement autonome, et les Dardanelles doivent être ouverts de façon permanente pour la libre circulation des navires et du commerce international sous des garanties internationales.

13. Un Etat indépendant polonais doit être édifié qui inclurait les territoires habités par les populations indiscutablement polonaises, qui seraient assurées d'un libre et sûr accès à la mer, et dont l'indépendance politique et économique ainsi que l'intégrité territoriale seraient garanties par une convention internationale.

14. Une association globale des nations doit être constituée dans le cadre de conventions spécifiques dans le but d'offrir des garanties mutuelles d'indépendance politique et d'intégrité territoriale aux grands comme aux petits Etats.

Annexe IV

**EXTRAITS DE L'INTRODUCTION
AU *DÉCLIN DE L'OCCIDENT*, d'Oswald Spengler** [187].

On a osé pour la première fois, dans ce livre, tenter une prédétermination de l'Histoire. Il s'agit de poursuivre le destin d'une culture, de la seule culture qui soit en train de s'accomplir de nos jours sur cette planète, la culture occidentale européo-américaine, dans ses phases non encore écoulées. [...]

Existe-t-il une logique de l'Histoire ? Y a-t-il, par-delà tout le fortuit et tout l'imprévisible des événements particuliers, une structure pour ainsi dire métaphysique de l'humanité qui soit essentiellement indépendante de tous les phénomènes visibles, populaires, spirituels et politiques de la surface ? Qui soit au contraire la cause première de cette réalité de second ordre ? Est ce que les grands traits de l'Histoire universelle n'apparaissent pas toujours au regard du clairvoyant sous une forme qui autorise des déductions ? Et, dans l'affirmative, à quoi se réduisent ces déductions ? Est-il possible, dans la vie même car l'Histoire humaine est l'ensemble des immenses courants vitaux que l'usage linguistique, pensée ou action, assimile déjà sans le vouloir, comme en étant la personne et le moi, à des individus d'ordre supérieur appelés " antiquité ", " culture chinoise " ou " civilisation moderne " de trouver les degrés qu'il faut franchir et de les franchir dans un ordre qui ne souffre point d'exception ? Peut être les concepts de naissance, de mort, de jeunesse, de vieillesse, de durée de la vie, qui sont à la base de tout organisme, ont-ils à cet endroit un sens strict que nul n'a encore pénétré ? En un mot, y a-t-il, au fond de tout ce qui est historique, des formes biographiques primaires et universelles ? [...]

L'homme [...], élément et représentant de l'univers, n'est pas que membre de la nature, mais aussi membre de l'Histoire, autre cosmos de nature et de substance différente, que la métaphysique entière a sacrifié au premier. [...]

C'est ainsi que naquit [...] ce livre qui est l'expression provisoire d'une nouvelle page de l'univers.

(187) Oswald Spengler, *Le Déclin de lOccident*, Ed. Gallimard, 1948.

INDEX DES NOMS DE PERSONNES

Table des Matières

LES ÉDITIONS DE L'ŒIL DU SPHINX

SARL au capital de 15.245 €
R.C.S. Paris B 432 025 864 (2000 B11249)
36-42 rue de la Villette
75019 PARIS
Mail ods@oeildusphinx.com
http://www.œildusphinx.com
Tél 09.75.32.33.55
Fax 01.42.01.05.38

Toutes nos parutions sont sur :
http://boutique.oeildusphinx.com

Achevé d'imprimer en Avril 2008
par ADLIS
59175 TEMPLEMARS — France
Dépôt légal : Avril 2008

LES ÉDITIONS DE L'ŒIL DU SPHINX
36-42 rue de la Villette
75019 PARIS
FRANCE